The 1st step of service management

# 1からの
# サービス経営

伊藤宗彦
髙室裕史　編著

発行所:碩学舎
発売元:中央経済社

# 序　文

　本書は、大学に入り、初めてサービスについて学ぼうという人たち、あるいは、社会人の方で、サービスについてもっと学んでみたいと思う人たちのために書かれている。そのために、本の題名は『1からのサービス経営』としている。「サービス」は、おそらく、全く耳にすることがない日はあり得ないくらい日常的に聞く言葉であろう。たとえば、飲食店や小売店で物を食べたり買ったりするときに、タダでなにかをしてもらうような意味にも使われることがある。水やお茶を入れてもらったり、モノを包装してもらったりする場合である。このように、私たちは日常生活のうえで無意識に「サービス」という言葉をよく使っている。

　まず、この本を手にした皆さんは、サービスを職業とすることを考えたことがあるだろうかと問いかけてみたい。おそらく、多くの方は、すでに高校生のときにハンバーガーショップなどの飲食店でアルバイトをしたり、友達がそのような経験をしたことがあったり、少しはサービス業について話を聞いたことがあるであろう。サービスは、人と人とが接するときに、必ず必要となる概念である。しかし、日常使っているサービスについて、しっかり学ぼうとすると、意外にぼんやりとしか理解できない性質も持っている。たとえば、モノを買うときに支払う金額は割と妥当性を理解できるが、サービスに対して支払う金額はなかなか判断がつかない場合もあるであろう。特に、日本人はモノを買ったときにサービスを受けるのは当然であり、タダであることが当たり前のように思っている場合が多い。これは、アメリカ人がどのようなサービスに対してもチップを支払うのとは、全く、対照的である。日本人は、サービスに対する考え方が他の国とは少し違い、サービスをビジネスとして考えることに慣れていないからかもしれない。

　本書では、このように、よく使われる割に理解されていないサービスという

# 序文

概念に焦点を当て、サービスによって成り立っている職業を事例に、サービスがどのような価値を生み出しているのかを理解する目的で書かれている。

　本書は、前半と後半に分けて、2つの異なったタイプのサービスについて書かれている。前半の第1章から第7章までは、いわゆるサービス業の事例が取り上げられている。ここでは、誰もが日常的に体験できるサービスの特徴を学ぶことができる。サービス特有の性質を学ぶことにより、いかにサービスが経営に結びついているかをわかりやすく説明している。こうしたサービスの基本的な概念は第1章にまとめられているので、まず、初めに読むことでサービス経営の概要を理解してもらいたい。

　次に、第8章から第14章までは、モノとサービスによって価値が生み出されている事例が取り上げられる。まず、第8章では、モノとサービスを対立するものとして考えるのではなくその相乗効果によって新たな価値を創造するための仕組みや仕掛けを説明している。第9章から第14章までは、モノとサービスの相乗効果が発揮されている企業の事例を元に、価値が生み出される仕組みが解説されていく。モノとサービスという今までは2分的に区別されてきた概念を同時に考えるのは、一見、わかりにくいと思われるだろうが、ここに紹介されている事例を読めば、モノだけでも、サービスだけでも生まれない価値が確かに存在し、それがビジネスとして成立していることがよくわかるであろう。モノとサービスにより新たな価値を生み出す事例は、近年、特に多くなってきているが、こうした観点からサービスを学ぶことができるテキストブックはあまり存在していない。この点も本書の大きな特徴であろう。

　前半と後半を合わせて12のサービスの事例について、その職業や企業の内容を理解した上で、どのような価値が生み出され、どのようにビジネスとして成り立っているのかについて分かりやすく解説しているのがこの本の特徴である。さらに、第1章から第14章まで、それぞれの章で学ぶ際に必要となるキーワードを2つずつ、合計28個にも及ぶコラムとして簡潔にまとめている。このコラムに取り上げられている用語を理解すれば、それだけでサービス経営について

# 序文

の知識を一通り習得したことになる。このコラムの執筆にも力を入れているのも本書の特徴である。

　これまでのサービスのテキストでは、特定のサービス業の細かい内容について書かれることが多かった。本書では、多様化しているサービスについて、まず、職業そのものを理解してもらい、そのなかからサービスの特徴を捉え直し、経営のキーポイントを理解してもらおうという、今までのテキストとは全く異なった構成になっている。この本を通じて、サービスを中心にビジネスを考える面白さを感じてもらい、将来、その分野で優秀なリーダーになってもらうための理論を学んでもらえる工夫もしている。本書の執筆には、多くの若い研究者が参加している。そのため、初めてサービスや経営について学ぼうという皆さんと、できるだけ近い目線でそれぞれの章が描かれている。この本によって、サービスに対する見方、考え方、捉え方が違ってきたと感じてもらえれば、執筆者の意図が通じていると考えてもらいたい。皆さんが日常、接しているサービスの裏側にある仕掛け、仕組みを観察することによって、将来、実際に職業に就いたとき、より高いレベルのサービス経営ができるようになってもらえれば、なおさら嬉しい。

　本書の特徴を説明してきたが、最後に、ぜひ、知っておいてもらいたいことがある。農業など自然に対して行う職業分野を第1次産業、モノを作る分野は第2次産業、その他の分野は全て第3次産業という分類は聞いたことがあるであろう。このうち、一般的にサービス業として捉えられている分野は第3次産業である。この第3次産業は、日本で働く約70％の人が属している最も就業人口の多い分野である。しかも、第3次産業の比率は毎年増え続けており、おそらく、10年後には日本の総労働人口の80％を超えるのではないかと予想されている。サービス業は、最も多くの人たちが働く分野なのである。したがって、本書でサービスを学ぶことは、わが国でもっとも就業人口の多い産業について知識を深めることと理解して欲しい。

　このように述べると、サービスに関する本は、さぞかし多いと思われるかもしれないが、意外にも、サービスを学ぼうと思っても入門書と呼べるような本

3

## 序文

を探すのは難しい。なぜならば、サービスほど身近なものはないのに、いざ、学問として理解しようとしても、その性質は、まとめきれないほど多様化しており、とらえどころが難しいためである。本書は、身近でありながらなかなか学びにくいサービスについて、経営という職業的な側面から分かりやすく理解してもらうことを目的として書かれている。各章を読み進めていくうちに、サービスによってどのようにお金が稼がれているのかが理解できるようになっている。本書を通じて、職業体験的にサービスを理解してもらえれば、望外の喜びである。

2010年3月

執筆者を代表して
伊藤　宗彦

# 目　　次

## 第 1 部　サービス経営のマネジメント

### 第 1 章　サービス経営のマネジメント ―― 3

1. はじめに ……………………………………………………………… 4
2. 商品としてのモノとサービス ……………………………………… 5
   私たちがものを買う理由・5
   商品とその機能・6
   モノとサービス・6
3. サービス経営の担い手とサービスの特徴 ………………………… 8
   サービス経営とその担い手・8
   モノとサービスの違い・9
   サービスの基本特性・10
4. サービス経営のマネジメントを捉える枠組み …………………… 11
   サービスの取引を捉える枠組み・11
   サービスの取引の特性と課題・13
5. サービス経営のマネジメントへの問い …………………………… 15
6. おわりに ……………………………………………………………… 17

　　Column 1-1　サーバクション・フレームワーク・12
　　Column 1-2　サービス・マーケティング・ミックス・16
　　考えてみよう・18／参考文献・19／次に読んで欲しい本・19

## 目次

### 第2章　サービス創造のマネジメント
　　　　　：ワタベウェディング――――――――――――21

1．はじめに……………………………………………………22
2．ワタベウェディングの成長………………………………23
　　海外市場への注目・23
　　貸衣裳業からウェディングサービス業へ・24
3．ウェディングプランナーによるサービス価値の創造………27
4．国内進出とウェディングスタイルの多様化への対応………28
5．顧客の声からアイディアを生み出す………………………30
　　アイディアを生み出す仕組み「イレギュラーレポート」・31
6．サービス経営における価値創造…………………………32
7．おわりに……………………………………………………34

　　Column 2-1　サービス製品の形成要素・26
　　Column 2-2　顧客との価値共創・33
　　考えてみよう・35／参考文献・35／次に読んで欲しい本・35

### 第3章　サービス経験のマネジメント
　　　　　：スターバックス――――――――――――――37

1．はじめに……………………………………………………38
2．日本のコーヒーと喫茶店の前史…………………………39
　　コーヒー・ショップと喫茶店・40
　　コーヒーの全国展開・41
3．スターバックス降臨前夜…………………………………42
　　喫茶店の競争力・42
　　スターバックスの設立・43

目次

4．第三の場所……………………………………………………………45
　スターバックスの事業の定義・45
　スターバックス経験・49

5．おわりに………………………………………………………………52

　Column 3-1　事業の定義と経験価値・46
　Column 3-2　サービスの劇場フレームワーク・51
　考えてみよう・53／参考文献・54／次に読んで欲しい本・54


## 第4章　サービス人材のマネジメント
　　　　　：ザ・リッツ・カールトン大阪　　　　　　55

1．はじめに………………………………………………………………56
2．リッツ・カールトン・ミスティーク…………………………………57
　感動を呼ぶサービス・57
　クレド・カード・59
3．ミスティークを生み出す秘密…………………………………………62
　エンパワーメント（権限委譲）・62
　従業員満足（ES-Employee Satisfaction）・64
　サービスにおける2つのスキル・66
4．おわりに………………………………………………………………69

　Column 4-1　インターナル・マーケティング・63
　Column 4-2　顧客満足（CS-Customer Satisfaction）・67
　考えてみよう・69／参考文献・70／次に読んで欲しい本・70

# 目次

## 第5章 サービス品質のマネジメント：QBハウス ——73

1. はじめに……74
2. カット専門の理容店……75
    ターゲットはビジネスマン・76
    高い生産性・76
3. サービスの工業化……77
    品質を維持するためのしくみ・79
4. 顧客による品質の評価……82
    サービスの品質評価・83
5. おわりに……86

Column 5-1　工業化とマニュアル・81
Column 5-2　知覚品質・84
考えてみよう・86／参考文献・87／次に読んで欲しい本・87

## 第6章 おもてなしのマネジメント：京都花街の舞妓と芸妓 ——89

1. はじめに……90
2. 「おもてなし」産業、京都花街の概要……90
    五花街・90
    舞妓育成の特色・93
3. おもてなしの現場「お座敷」……95
    プロジェクトチーム制・95
    チームのオペレーション・96
    おもてなしの流れ・97

目次

　　　座持ち・98
　4．「おもてなし」のアウトソース化 ………………………………………99
　　　一見さんお断り・99
　　　アウトソーシングと組み立て・99
　　　質の管理・102
　5．おわりに ………………………………………………………………104
　　　Column 6-1　ビジネス・システム・101
　　　Column 6-2　ホスピタリティとおもてなし・103
　　　考えてみよう・104／参考文献・105／次に読んで欲しい本・105

## 第7章　顧客ロイヤルティのマネジメント
　　　　　：北海道日本ハムファイターズ ―――――――107

　1．はじめに ………………………………………………………………108
　2．日本のプロ野球球団経営と北海道日本ハムファイターズ …109
　　　日本のプロ野球球団の経営と収益モデル・109
　　　チーム組織とフロント組織・110
　　　「ファンを生み出す」仕組み・110
　3．「ファンを育てる」仕組み …………………………………………112
　　　「製品」とマーケティング・112
　　　チーム統括部・114
　　　利益の獲得・114
　4．「簡単には負けないチーム」をつくる仕組み ……………………114
　　　「チームのファン」を生み出す仕組み・114
　　　GM（ゼネラル・マネジャー）・116
　　　選手を経営資源として評価する仕組み・116
　　　球団経営の難しさ・118

## 目次

　　　限られた資金でチームをつくる仕組み・119
　　　仕組みがチームの戦い方に現れる・120
　　　「ファンサービス・ファースト」・121
　　　ファンがファンを生み出す仕組み・121
　5．おわりに……………………………………………………123
　　　Column 7-1　顧客ロイヤルティ・113
　　　Column 7-2　サービス・サイクルとコンタクト・ポイント・117
　　　考えてみよう・123／参考文献・124／次に読んで欲しい本・124

# 第2部　サービスによる新たな価値創造

## 第8章　サービスによる価値創造 ……127

　1．はじめに………………………………………………………128
　2．製造業とサービス業 …………………………………………128
　3．サービス・ドミナント・ロジックの考え方…………………132
　　　製造業のサービス・132
　　　サービス・ドミナント・ロジック・133
　4．サービスによる価値創造 ……………………………………134
　　　プロダクト・アウトとマーケット・イン・134
　　　リレーションシップ・マーケティング・135
　5．モノとサービスによる価値の最大化…………………………138
　　　コモディティ化・138
　　　顧客価値の最大化・139
　6．おわりに………………………………………………………141
　　　Column 8-1　ペティ・クラークの法則・131

目次

Column 8-2　リレーションシップ・マーケティング・137
考えてみよう・141／参考文献・142／次に読んで欲しい本・142

# 第9章　モバイル技術による価値創造
## ：ドン・キホーテ ―――143

1. はじめに……………………………………………144
2. モバイル・マーケティングの導入………………145
   圧縮陳列など楽しい買い物を演出するための環境を作る
      ディスカウントストア・146
   従来型の会員サービス携帯サイト・146
   分析と改善策・148
3. 魅力あるモバイル・マーケティング・サービスへの発展……150
   実券のクーポンを手にする安心感、お得感が「リモーション」利用率
      アップの決め手・150
   WEBサイト運営管理・152
   効果のまとめ・153
4. サービスをバックヤードで支える「KIOSK端末」………155
   KIOSK端末・155
   リモーションと情報KIOSK端末・157
5. おわりに……………………………………………158

   Column 9-1　見える化・147
   Column 9-2　One to One マーケティング・152
   考えてみよう・158／参考文献(参考URL)・158／次に読んで欲しい本・159

## 目次

### 第10章　ITによる価値創造：アップル ———————— 161

1. はじめに ……………………………………………… 162
2. 従来の音楽ビジネス ………………………………… 162
   手間のかかった音楽の楽しみ方・162
   パッケージ販売されたCD・164
3. アップルの音楽ビジネス …………………………… 164
   新しい音楽を聴くスタイル・164
   デジタルハブ構想とiTunes・166
   iPodの発売・167
   iTunes Storeの開始・170
4. おわりに ……………………………………………… 173

   Column10-1　ソーシャル・ヴィジビリティ・168
   Column10-2　ネットワークの外部性・175
   考えてみよう・176／参考文献・176／次に読んで欲しい本・176

### 第11章　モノとメンテナンスによる価値創造：三浦工業 ———————— 177

1. はじめに ……………………………………………… 178
2. 生産財のシステム化と提案営業 …………………… 179
   小型貫流ボイラーの多缶設置・179
   製品のシステム化・182
   システムを売る提案営業・183
3. 生産財を支えるメンテナンス・サービス ………… 185
4. おわりに ……………………………………………… 187

目　次

Column11- 1　コモディティ化・184
Column11- 2　イノベーションのジレンマ・188
考えてみよう・189／参考文献・190／次に読んで欲しい本・190

## 第12章　ヒトとモノによる価値創造：セコム　191

1. はじめに　192
2. 警備保障サービスの誕生　193
   警備保障業界の概要・193
   セコム創業の経緯・194
3. 機械警備サービス　195
   SPアラーム発売・195
   機械警備サービスのメリット・196
4. 安全保障業サービスの収益源　197
   セコムのサービスの特徴・197
   セコムの事業と運営の憲法・200
   サービスによる収益の源泉・201
5. おわりに　203

Column12-1　企業理念・199
Column12-2　新事業・202
考えてみよう・204／参考文献・205／次に読んで欲しい本・205

◆ 目　次

## 第13章　需給調整による価値創造
### ：パーク２４ ──────── 207

1．はじめに ……………………………………………… 208
2．パーク２４のタイムズ事業 ………………………… 208
　　パーク２４の概要・208
　　タイムズ事業・210
3．稼働率のマネジメント ……………………………… 212
　　稼働率の重要性・212
　　供給のマネジメント・213
　　需要のマネジメント・214
4．今後の取り組み ……………………………………… 218
　　駐車サービスから移動サービスへ・218
5．おわりに ……………………………………………… 219

　Column13-1　待ち行列・215
　Column13-2　価格弾力性・217
　考えてみよう・220／参考文献・221／次に読んで欲しい本・221


## 第14章　平準化による価値創造
### ：セントラルスポーツ ──────── 223

1．はじめに ……………………………………………… 224
2．健康産業の市場規模と業界構造 …………………… 224
　　健康産業の概況・224
　　フィットネスのビジネスモデル・226
　　サービスの「平準化」・226

目　次

3．フィットネスクラブの原点そして発展系……………………229
　　「夢」の実現に向けて・229
　　教育業からのスタート・230
　　フィットネス事業への展開・231
　　「サービス」という視点・232
　　サービス・クオリティーを維持するために・233
　　ウエルネス事業への展開・234
4．初期費用が高い業種のビジネスモデル…………………………235
　　新たな資金調達方法・235
　　直接金融の留意点・235
5．インフラを伴うサービスの収益化………………………………237
　　対個人サービス事業・238
　　初期費用・239
6．おわりに……………………………………………………………240
　　Column14-1　サービスの平準化・227
　　Column14-2　サービス企業の株式公開・236
　　考えてみよう・241／参考文献・241／次に読んで欲しい本・241

索　　引………………………………………………………………243

# 第1部

## サービス経営のマネジメント

# 第 1 章

# サービス経営のマネジメント

1．はじめに
2．商品としてのモノとサービス
3．サービス経営の担い手とサービスの特徴
4．サービス経営のマネジメントを捉える枠組み
5．サービス経営のマネジメントへの問い
6．おわりに

◆第1部 サービス経営のマネジメント

# 1 はじめに

　こんな場面を想像してみよう。あなたが、ある日、道を歩いている途中のこと、ある自動車の販売店の前を通りかかった。中をみると、店内には、最近、話題の自動車が配置よく並べられている。「私もこんな自動車に乗ってみたいな」と思いながら見ていると、店内で人の動きが見えた。このお店の販売員さんと小さな子供連れのご家族だ。最近テレビのCMでよく見かける自動車のカタログを横に置きながらテーブルに座り話をしている。「商談かな」と思ってみていると、店員さんがお父さんに書類を渡した。お父さんはその書類に何か書いている。どうもサインをしているようだ。そして、それを販売員さんに渡すと、販売員さんは深々とお礼をした後、何かテキパキとそのお父さんに説明をし始めた。

　「そうか、きっと、自動車を買うことが決まったんだな。でも、どうして、あのカタログの自動車を買ったのだろう」、そんなことを考えながら、歩き始めたあなたの前に、思いがけず、先ほど自動車を買っていたお父さんがカタログを手に店内から出てきた。それを見て、思わずあなたは、そのお父さんに聞いてしまったのだ。「あなたは、なぜ、その自動車を買ったのですか？」と。さて、そのお父さんは、どのように答えるだろうか。

　冒頭から、「一体何の話だろう？」と思ったかもしれないけれど、本章の話を、まずはこんな問答からはじめてみることとしよう。この問答に、本書で考えていく「サービスとは何か」あるいは「サービス経営のマネジメントにおいて考えるべき課題は何か」、こうした問題を考えるきっかけが潜んでいる。では、早速、一緒に考えていくこととしよう。

## 2 商品としてのモノとサービス

### 私たちがものを買う理由

　ある人が、自動車を買った。その人にあなたが「なぜ、その自動車を買ったのですか？」と聞いてみたのだ。さて、どのような答えが返ってくるだろうか。

　その人が、他にもいろいろある自動車の中からその自動車を選んだ理由は様々だろう。例えば、「テレビのCMで見てかっこいいと思ったから」とか「デザインがよかったから」というような外見上の理由、あるいは「燃費がよいから」「運転しやすいから」といった性能面での理由、その他にも「店員さんの勧めに乗ってみて」などという理由もあるかもしれない。

　ただし、「何のために、高いお金を払って、『自動車』を買ったのですか？」という質問になるともう少し違った答えが返ってくるに違いない。例えば、「家族で旅行をするために」とか「日々の買い物のために」あるいは「通勤に利用するために」などがそれである。もちろん、これだけではないだろうが、これらの答えの1つの共通点は「日々、あちこちに行くための移動手段として」ということになりそうだ。

　私たちが、本章での考察を進めていくにあたって、まず共有したいイメージがここにある。それは、ここまでの話で言えば、「私たちは自動車そのものが欲しくてその自動車を買うわけではない。そうではなく、いろいろな場所に移動するための手段として自動車を買うのだ」ということである。もちろん、もしかすると、「自動車をコレクションとして買う」という人もいるかもしれないが、それはあまり多くあることではないだろう。繰り返しになるが、私たちは、多くの場合、「その自動車そのもの」が欲しくて高いお金を払って買うというわけではない。そうではなく、「その自動車を使っていろいろな場所に行く」、その目的を果たすために自動車を買うのである。

第1部　サービス経営のマネジメント

 **商品とその機能**

　同じようなことを、もう少し話を広げてイメージしてみよう。身の回りを見渡してみて欲しい。企業や組織が私たちに売るために作っているものや提供しようとしているもののことを「商品」というが、ここまでにみてきた「自動車」をはじめ、私たちの身の回りには商品で溢れている。そして、先の話で確認されたのは、多くの場合、私たちは、その商品そのものというよりも、自身が必要とする目的を果たしたいためにそれらの商品を買っているということである。

　こうした視点からあらためて考えてみれば、実は何でもそうだということに気がつくことだろう。例えば、洗濯機。私たちは「洗濯機」という物体そのものが欲しくてそれにお金を払うわけではない。衣服をきれいにしたくて洗濯機を買うのである。あるいは、バリカン。私たちは「バリカン」という物体そのものが欲しくてそれにお金を払うわけではない。バリカンで散髪がしたいのだ。

　すなわち、私たちが買い物をする理由は、「その商品それ自体を手に入れる」ということよりも、「その商品を通して自分が必要とする様々な目的を果たす」ことにある。例えば、私たちは、「ある場所からある場所まで移動する」、「洗濯をして衣服をきれいにする」、「散髪をして頭をすっきりさせる」、こうした目的を果たす機能や手段を得るために、大切なお金を払って自動車や洗濯機やバリカンという商品を買うのである。

 **モノとサービス**

　さて、ここまで考えた皆さんに、もう1つ質問してみることとしよう。それは次のような問いである。「いろいろな場所に移動するための手段が欲しいと思っているあなた。自動車を買うという以外に、あなたが選べる商品はありませんか」。そう問われたら皆さんはどのように答えるだろうか。

　ここで、私たちは、「商品を買う」という行動に関して、もう1つのことにあらためて気付くことができるはずだ。それは、「その手段や機能を得るため

第1章　サービス経営のマネジメント

には、実は他にもたくさんの商品があるぞ」ということである。

　例えば、移動手段の話でいえば、自動車を買わなくても、鉄道やバスが利用できればそれを使って移動することができる。あるいは、洗濯の話でいえば、洗濯機を使って自分で衣服を洗う代わりにクリーニング店に頼んで洗濯をしてもらうことができる。また、散髪であれば、自分でバリカンを使わなくても理容店や美容院に行ってきれいに髪をカットしてもらうことができる。

　このように、実は同じ目的を果たすための選択肢はいくつもあるのだ。ここでまず強調しておきたいのは、私たちは、日々、特段に意識をするかしないかにはかかわらず、自身の目的を果たすために、様々な商品を選び取りながら生活しているということである。

　そして、もう1つ強調しておきたいことがある。それは、私たちが選択している様々な商品には、大きく2つのパターンがあるということである。1つは、私たちが、ある目的を果たしたいと思ったときに、その役割を果たすために作られた「形のある物」を買う場合である。上の例で言えば、例えば、自動車や洗濯機やバリカンがそれにあたる。

　しかし、それだけではない。もう1つのパターンがある。それは、同じく上に挙げた例で言えば、例えば「ある場所からある場所に移動するために鉄道で運んでもらう」、「衣服の洗濯をクリーニング店にしてもらう」、「散髪を理容師さんや美容師さんにしてもらう」という場合である。この場合は、「私たちの目的を果たしてくれる直接的な活動」にお金を払っている。

　そして、この後者、すなわち、目的を果たす活動を直接に提供することを中

【表1-1　モノとサービス】

| モノによる解決（例） | 解決したいこと<br>（目的・機能） | サービスによる解決（例） |
|---|---|---|
| 自動車<br>洗濯機<br>バリカン | 移動<br>洗濯<br>散髪 | 鉄道・バス<br>クリーニング店<br>理容店・美容院 |

出所：筆者作成

第1部 サービス経営のマネジメント

心とした商品が「サービス」と呼ばれるものである。これに対して、前者の「形のある物」を中心とした商品（製品あるいは工業製品）のことを本章では「モノ」と呼ぶこととしよう。その対応を表1-1のように整理しておく。

## 3 サービス経営の担い手とサービスの特徴

サービス経営とその担い手

　ここまでにおいて、商品は大きく「モノ」と「サービス」の2つに区分して捉えられるということ、そして、私たちは、自身の目的を果たすために、その2つをうまく使い分けながら自身の生活を送っていることをイメージしてきた。以下、本章では、このサービスの提供を自身の事業の中核とする経営のことを「サービス経営」と呼び、考察を進めていくこととしよう。

　「サービス経営」の典型的な担い手は、いわゆる「サービス業」である。サービス業は私たちの身の回りのいたるところに存在している。例えば、本書の第1部で取り上げられる様々な企業がそれである。産業として言えば、外食や宿泊、運輸や金融、娯楽やスポーツ、あるいは医療や福祉、また教育や学習支援に関わる産業など挙げればきりがない。利用者としても働き手としても魅力ある産業で溢れている。

　また、「サービス経営」の担い手は、これらのいわゆるサービス業だけにとどまるものではない。例えば、本書の第2部で取り上げられる企業がそれである。モノを作っている企業も、次々とサービスを中心とした経営に乗り出している。あるいは、「もはやサービスとモノとの区別はない」と言うべく、サービスを経営の中心としつつ、サービスとモノとをうまく組み合わせることで新たな価値を創り出していこうという試みも多く生まれ始めている。

　このように、サービスは、もはや業界を問わず私たちの身近でますます重要な位置を占めるようになっている。そして、このサービスの提供を中核とした経営のマネジメントの現実や課題そして可能性を考えていくことが本書のテー

マとなる。

　以下、本章では、その導入として、サービス経営のマネジメントを捉える基本的な視点を共有するべく議論を進めていくこととしよう。まずは、サービスの基本的な特性からみていこう。

 モノとサービスの違い

　サービスの特性を捉えていくために、まずは具体的な商品を思い浮かべながらモノとサービスの違いを考えてみることとしよう。自動車や洗濯機やバリカンなどのモノと、鉄道やクリーニング店や理容店などのサービスとでは、どのような違いがあるだろうか。

　まず、自動車や洗濯機やバリカンを買った場合のことを考えてみよう。この場合、私たちの手元からはお金は消えているが、その代わりにモノは残る。例えば、自動車を買ったときには「自動車」そのもの、洗濯機を買ったときには「洗濯機」そのもの、というのがそれである。それらは買った後は「形のある物」として私たちの手元に残る。そして、一度それが手に入れば、後は、何度でも好きなときに自由に使うことができる。

　一方、サービスの場合はどうだろうか。例えば、鉄道やクリーニング店や理容店で言えば、「ある場所からある場所に移動した」、「きれいになった」、「さっぱりした」と言うように、「当初、必要としていた目的が果たせた」という状態の変化は期待できる。しかしながら、それが全てである。例えば、モノであれば「形のある物」として購入後も自身の手元に残ったのとは対照的に、鉄道やクリーニング店や理容店にお金を払う場合には、手元に残るものは何もない。そしてまた、モノの場合は、一度それにお金を払えば後は何度でも好きなときに自由に使用できたのとは対照的に、鉄道やクリーニング店や理容店の場合は一度きりである。もう一度利用しようと思えば、あらためて同じようにお金を払い、同じ活動を提供してもらうしかない。

# 第1部 サービス経営のマネジメント

##  サービスの基本特性

　以上にみたような違いがモノとサービスの基本的な違いとなる。これらの違いをどのように捉えるのかについては様々な見方があるのだが、本章では、これらの違いを次の2つに整理しておくこととしよう。

　1つは、「形の有無」に関する違いである。自動車や洗濯機やバリカンは「形がある商品」である。その一方で、鉄道やクリーニング店や理髪店が提供する活動は「形がない商品」である。もちろん、後者においても、例えば電車やお店の設備や道具など「形のある物」に囲まれているが、私たちは、お金を払うことでそれらの設備や道具を手に入れるわけではない。あくまでも、それらを通した活動の提供を受けるのみである。この意味で、サービスは「形のない商品」と捉えられることとなる。この特性は「無形性」と呼ばれる。

　もう1つは、「商品が作られ提供されるタイミング」に関する違いである。自動車や洗濯機やバリカンは、工場で作られて、お店などを通して、私たちの手元に運ばれてくる。この場合、私たちは既にできている商品を後から手に入れている。それに対し、鉄道やクリーニング店や理容店が提供する活動は、その時その場で提供されるものだ。もちろん、これらの活動を提供するための道具や場所は事前に準備されているが、「ある場所からある場所まで運んでもらう」、「衣服をきれいにしてもらう」、「髪を切ってもらう」という活動そのものはその時その場でしか提供してもらえない。この意味で、サービスは「商品ができあがり提供されるタイミング」と「商品が消費されるタイミング」とが同時であるといえる。この特性は「商品の生産と消費が同時に行われる」という意味で「同時性」と呼ばれる。

　他にも様々な捉え方はあるが、本章では、この「無形性」と「同時性」の2つの性質を、まずはサービスの基本的な特性として捉えておくこととしよう。

第1章　サービス経営のマネジメント

# 4 サービス経営のマネジメントを捉える枠組み

 **サービスの取引を捉える枠組み**

　そして、次に考えたい問題は、こうしたサービスの基本特性が、サービス経営のマネジメントにどのような影響をもたらすことになるのかということである。

　この問題を考えるに先立って、モノとサービスにおける商品の取引のプロセスの特徴をあらためて確認しておくこととしよう。先にもみたように、モノの生産・販売あるいは取引（以下「モノの取引」という）の場合は、事前に工場で作られた商品がお店などを通して私たちの手元に届く。これに対して、サービスの提供あるいは取引（以下「サービスの取引」という）の場合は、企業や組織が行う商品の提供と私たちの利用が互いに出会いの場を持つ中で同時に行われることになる。この違いは、例えば図1-1のようにあらわすことができる。

　このことは、サービスの場合、商品が提供される場面において、企業や組織とお客さんとのやりとりがその時その場で生じることを意味する。このため、サービス経営者は、その時その場での適切なサービス提供が行えるよう、お客さんと直接に接する従業員の教育や設備の準備はもとより、それを背後から支

【図1-1　モノとサービスにおける商品の提供のプロセスの違い】

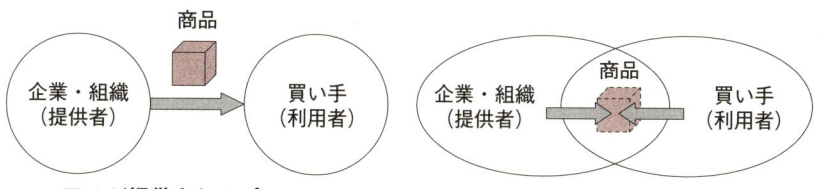

出所：筆者作成

11

## Column 1-1

### サーバクション・フレームワーク

　サービス提供では、提供者と顧客が直接に接点を持つ中、その場その時で価値が生み出されていく。この顧客とサービス提供者が出会う場は、「サービス・エンカウンター」と呼ばれる。その重要性は、闘牛士が牛にトドメを刺す瞬間になぞらえて「真実の瞬間（Moment of Truth）」というようにも強調される、まさにサービス提供の心臓部である。サービス経営にとっては、このサービス・エンカウンターをいかにマネジメントするかが１つの鍵となる。

　この課題の検討に際して、必要な要素や全体像を捉えるための参考とされてきた代表的な枠組みの１つが「サーバクション・フレームワーク」である（図1-2）。

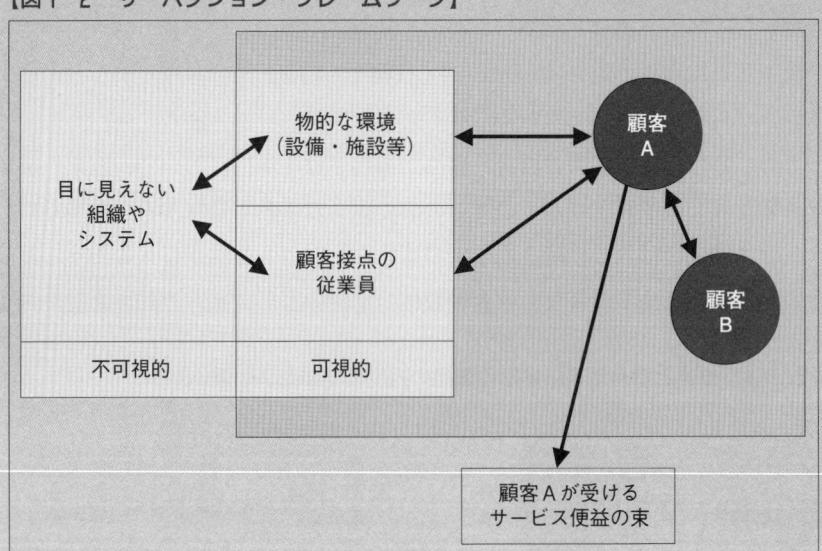

【図1-2　サーバクション・フレームワーク】

```
            ┌─────────────────────────────┐
            │  物的な環境         ←──→   顧客
            │  （設備・施設等）            A
  目に見えない                          ↑ ↕
  組織や      ←─→                      │
  システム    ←─→   顧客接点の  ←──→   顧客
            │     従業員                B
            │
            │  不可視的    可視的
            └─────────────────────────────┘
                                    ↓
                              顧客Aが受ける
                              サービス便益の束
```

出所：レイモンド・P・フィスク、ステファン・J・グローブ、ジョビー・ジョン『サービス・マーケティング入門』（小川孔輔・戸谷圭子監訳）法政大学出版局、2005年、39頁、図2-1を一部修正

第1章　サービス経営のマネジメント

第1章

　サーバクション（Servuction）とは、サービス・プロダクション・システム（Service production system）を略した造語である。この枠組みでは、まず、サービス・エンカウンターにおける目に見える要素として「顧客接点の従業員」とサービス設備等の「物的な環境」そして「サービスを受ける顧客（図中の顧客A）」が挙げられる。そして、これに加えてもう2つの要素が取り出される。1つが「その場に居合わせる他の顧客（図中の顧客B）」、もう1つが顧客からは見えないが重要な要素となる「サービス提供を背後で支える内部のシステムや組織」である。

　サービスの成果は、あくまでも、これらを構成する多数の要素をつむぎ合わせた結果（便益の束）として生み出されるものである。「よいサービスを提供するために」ということで、つい顧客接点の従業員の接遇努力や設備等の豪華さに目を奪われがちになることも多いが、この枠組みは、サービス経営においては、サービス・エンカウンターを心臓部としつつ、その活動を支える内部の仕組みやその場に居合わせる他の顧客の行動までを視野に入れた全体的なサービスの設計が求められることをあらためて気付かせてくれる。

えるしくみをきちんと作り込んでおくことが必要となる。また、その場に居合わせる他のお客さんの行動なども考慮しなければならない。サービス経営においては、こうした提供者と利用者の相互のやり取りと経験の中でその価値が創り上げられていくのである（コラム1-1）。

　サービスの取引には、先に見たサービスの基本特性のもと、このような、モノの取引の場合にはみられなかったような特徴が現れることとなる。

 **サービスの取引の特性と課題**

　こうしたモノの取引とサービスの取引の違いはどのように整理できるだろうか。この違いについても、様々な整理がなされているのだが、その中から、本章では、サービスの取引上の特性として、次の4つを挙げておくこととしよう。

　① **不可触性（無形性）**
　第1が、サービスの取引の場合はモノの場合とは違って、買う前に見たり

触ったり味わったりすることができないということである。例えば、私たちがクリーニング店に衣服を出す場合、本当にきれいになるのかどうかは仕上がった後でないと分からない。このため、私たちは、いくらお店の人に「きれいになりますよ」と言われても、実際のところは、何を基準にしてお願いするお店を選べばよいのか迷ってしまうことも多くある。一方、クリーニング店の店主の側からすれば、例えば、ただ「きれいになりますよ」というだけではなく、目に見えるサンプルで汚れがよく落ちることを示すなど、初めてのお客さんにも不安なく選んでもらえるような様々な工夫が必要となるはずだ。こうした特性は、取引上の性質として「無形性」と呼ばれることも多いが、本章では特に「見たり触ったりすることができない」という性質を強調する意味で「不可触性」と呼んでおこう。

② **不可分性（同時性）**

第2が、サービスはモノとは違って、提供者によるサービス提供と利用者のサービス利用とを別々にはできないということである。例えば、私たちが理容店で散髪をしてもらおうとする場合、私たちは、散髪が終わるまでの間、椅子にじっと座っていなければならない。一方、理容師の側からすれば、例えば、うまく散髪するためにお客さんが必要な姿勢を取るように促したりすることとあわせて、お客さんに居心地よく座っていてもらうための様々な工夫が必要となるはずだ。このように、サービスの取引では、提供者と利用者のそれぞれがサービスの一部となりつつ価値を創り上げていく、というプロセスのマネジメントが必要となる。こうした特性は、取引上の性質として「同時性」と呼ばれることも多いが、本章では特に「提供と利用とを別々にはできない」という性質を強調する意味で「不可分性」と呼んでおこう。

③ **異質性（変動性）**

第3が、サービスはモノと違い、多くの場合、直接に、人により、その場で提供されるということである。このことは、そのサービスを、誰が、いつ、どこで、誰に提供するかによって、その都度提供されるサービスの内容が変わってしまう可能性があることを意味する。例えば、あるレストランに行ったとき

第1章　サービス経営のマネジメント

に、「料理が出てくるまでに大変長い時間がかかって困った」とか「店員さんに無愛想な対応をされて不愉快になった」とか「隣の席のお客さんのグループが賑やかで閉口した」といった経験は誰にでもあることだろう。一方、レストランの経営者の側からすれば、例えば人材育成やマニュアルの作成あるいは機械化など通して、こうしたバラツキが生じないようにするための様々な工夫が必要となるはずだ。あるいは失敗や苦情が生じてしまった時の対応の準備も求められるだろう。こうした特性は「その都度異なる（あるいは変わってしまう）可能性がある」という意味で「異質性（あるいは変動性）」と呼ばれる。

④　消滅性

第4が、サービスはモノとは違って、蓄えておくことができないということである。例えば、鉄道で言えば、朝夕のラッシュの時間帯はどの電車も超満員だが、平日の午後は空席ばかりというようなことはよくあることだろう。これを例えば「平日の午後の空席を在庫として蓄えておいて、その席を朝夕にまわす」なんていうことはできればよいのだが、そうはいかない。鉄道会社からすれば、例えば混む時間帯のお客さんをうまく分散させたり、空いている時間帯にお客さんを呼び込むような工夫が必要となるはずだ。こうした特性は「サービスは蓄えておくことができず消滅してしまう」という意味で「消滅性」と呼ばれる。

サービスの取引には、以上のような特性が、サービスの基本特性から派生する特質として現れるのだ。これらの特性をいかに正しく認識し、それらの特性から生じる問題にいかに適切に対応していくのか、これが、サービス経営のマネジメントに求められる課題となる。

# 5　サービス経営のマネジメントへの問い

これらの課題の認識のもとに、サービス経営における新たな可能性を見出してくことが本書の以下でのテーマとなる。本章を締めくくるにあたり、サービス経営のマネジメントの枠組みを与えていくための基礎的な問いとして、次の

第1部 サービス経営のマネジメント

> ### Column 1-2
>
> **サービス・マーケティング・ミックス**
>
> 市場創造に向けた企業活動のことを「マーケティング」という。そして、このマーケティングにおける企業活動の組み立てを考えるにあたって、20世紀半ばから有用な枠組みとして一般的に採用されてきた枠組みが「マーケティングの4P」である。
>
> 4Pとは、製品（Product）、価格（Price）、流通（Place）、プロモーション（Promotion）のことである。多種多様なマーケティング活動をこれらの4つの要素に分けて捉えると同時に、自らが創り出したい市場像とそれらの活動の組み合わせの一貫性（マーケティング・ミックス）を検討することで、有効なマーケティング活動の組み立てを実現しようとする枠組みである。
>
> 但し、サービスの取引においては、この「4P」だけでは捉えきれないことが指摘されてきた。様々な提案がなされているが、ここでは、「4P」に追加されうる要素として、次の3つのPを紹介しておこう（レイモンド・P・フィスク、ステファン・J・グローブ、ジョビー・ジョン『サービス・マーケティング入門』（小川孔輔・戸谷圭子監訳）法政大学出版局、2005年）。
>
> 第1が、従業員と顧客に代表される「参加者（participants）」である。第2が、建物など有形の要素である「物的な環境（physical evidence）」である。第3が、サービスの提供過程を形成する「サービスの組み立てプロセス（process of service assembly）」である。
>
> 上記の各要素をみてもわかるとおり、いずれの要素も、「無形性」や「同時性」というサービスの基本特性から生じる特有の課題に対して、新たに対応が必要となる活動要素の抽出を試みたものであるといえよう。
>
> なお、もちろん、抽出された要素の重要性は、ただその要素単独において強調されるものではない。問われるのは、「自らが創り出したい市場像に対するマーケティング諸活動の組み合わせの一貫性」である。

3つを挙げておこう。

第1が、「自らのサービス経営を通して市場にどのような価値を創り出そうとするのか」という問いである。本章でみてきたように、私たちはモノやサー

ビスを含めて、様々な商品を選び取りながら生活している。このことは、すなわち、商品を提供する側からみれば、そもそもどのような価値を創り出そうとしているのかが利用者から厳しく問われることを意味している。さらに、サービス経営の場合は、ただ提供するというだけではなく、相互のやり取りの中でお客さんとともに価値を創り上げるというプロセスが埋めこまれている。サービス経営者は、こうしたサービスに特有の課題を前提としたうえで、新たな価値の創造を模索していかなければならない。

　第2が、「その価値の創造をいかに実現していくのか」という問いである。ここでもサービス経営に強調されることは、サービスに特有にみられる課題への対応である。サービスの取引における特性は、特にサービス経営の実行場面において様々な課題を生じさせる。サービス経営において目指す価値を創造していくためには、これらの課題を克服すべく、マネジメントを実現していかねばならない。

　第3が、「その価値の実現を通して、企業や組織とお客さんとの関係をいかに創り上げていくのか」という問いである。サービス経営において、顧客との関係は企業や組織のかけがえのない資産となる。顧客は共に次なる価値を作り出していくパートナーとなるのだ。この関係構築の仕組みを、サービスの特性を前提とする中で、持続的な仕組みとして創り上げていかなければならない。

# 6　おわりに

　本章では、サービス提供を自身の事業の中核とする経営、すなわち、「サービス経営」におけるマネジメントを捉えていくための基本的な視点の整理を行ってきた。まずは、商品としてのモノとサービスの理解、次に、サービス経営の担い手とサービスの特徴に関する理解、そして、サービス経営のマネジメントを捉える枠組みの理解、こうした3つの理解を共有するべく、議論を進めてきた。

　本章の議論は、サービス経営のマネジメントの大きな枠組みを示すもので

あった。このためいささか抽象的な議論となったが、いよいよ次章からはそれぞれ先進的で興味深い事例のもと、サービス経営の具体的な話が始まる。第1部においては、いわゆる「サービス業」を中心に、主として、第2章と第3章では「サービス経営を通して市場にどのような価値を創り出そうとするのか」、また第4章から第6章では「サービス経営における価値の創造をいかに実現していくのか」、そして第7章では「サービス経営において企業や組織とお客さんとの関係をいかに創り上げていくのか」という課題に関わるマネジメントの展望が示される。そして、続く第2部では、より広く業界や産業の枠組みを超えて、サービスを基軸とした新たな価値の創造という観点からサービス経営を捉えていく視点が示される。

では、早速、次章からの考察に移っていこう。サービス経営の現実をじっくりと見てみるとともに、そのマネジメントの展望や可能性についての理解を深めていこう。

## ❓ 考えてみよう

1. 同じ目的や機能を果たすようなモノとサービスを具体的に挙げてみよう。そして、取り上げたモノとサービスについて、その2つの違いがどのような点にあるのか、考えてみよう。

2. 企業や組織が提供しているサービスを1つ取り上げ、それを実際に利用してみよう。そして、本章で学んだようなサービスの特性や課題が、どのような点に具体的に現れているといえるのか、考えてみよう。

3. サービス経営において、あるいはサービス経営を通して新たな市場を創造したり、サービスに特有の課題をうまく解決している企業を探してみよう。そして、その企業がなぜ、またどのようにして、そのような成功をおさめることができたのか、考えてみよう。

## 第1章　サービス経営のマネジメント

### 参考文献

石井淳蔵、栗木契、嶋口充輝、余田拓郎『ゼミナール　マーケティング入門』日本経済新聞社、2004年。

栗木契、余田拓郎、清水信年『売れる仕掛けはこうしてつくる』日本経済新聞社、2006年。

近藤隆雄『サービス・マネジメント入門（第3版）』生産性出版、2007年。

田村正紀『現代の市場戦略』日本経済新聞社、1989年。

山本昭二『サービス・マーケティング入門』日本経済新聞出版社、2007年。

クリストファー・ラブロック、ローレン・ライト『サービス・マーケティング原理』（小宮路雅博監訳、高畑泰、藤井大拙訳）白桃書房、2002年。

セオドア・レビット『新版　マーケティングの革新』（土岐坤訳）ダイヤモンド社、2006年。

フィリップ・コトラー、ケビン・L・ケラー『コトラー&ケラーのマーケティング・マネジメント（第12版）』（恩藏直人監修、月谷真紀訳）ピアソン・エデュケーション、2008年。

レイモンド・P・フィスク、ステファン・J・グローブ、ジョビー・ジョン『サービス・マーケティング入門』（小川孔輔・戸谷圭子監訳）法政大学出版局、2005年。

### 次に読んで欲しい本

山本昭二『サービス・マーケティング入門』日本経済新聞出版社、2007年。

クリストファー・ラブロック、ローレン・ライト『サービス・マーケティング原理』（小宮路雅博監訳、高畑泰、藤井大拙訳）白桃書房、2002年。

ヤン・カールソン『真実の瞬間―SAS（スカンジナビア航空）のサービス戦略はなぜ成功したか』（堤猶二訳）ダイヤモンド社、1990年。

# 第 2 章

# サービス創造の
# マネジメント
■ワタベウェディング

1. はじめに
2. ワタベウェディングの成長
3. ウェディングプランナーによるサービス価値の創造
4. 国内進出とウェディングスタイルの多様化への対応
5. 顧客の声からアイディアを生み出す
6. サービス経営における価値創造
7. おわりに

第1部　サービス経営のマネジメント

# 1 はじめに

「結婚式」と言われて皆さんは何を思い浮かべるだろうか。幸せな花婿・花嫁の笑顔と純白のウェディングドレスやタキシード、きらびやかな婚約指輪や結婚指輪、挙式・披露宴会場での様々な演出、豪華な料理……。

一言で「結婚式」といってもそこには様々なサービスがある。挙式・披露宴を行う場所・スタッフの提供、衣裳の提供、生花の手配、料理の提供、会場装飾の提供だけではなく、ヘアメイクの手配、写真・ビデオ撮影や引き出物の手配や、ハネムーンの手配、披露宴の「二次会」の手配など様々なモノ・サービスが必要とされている。

株式会社リクルートの発行する結婚情報誌「ゼクシィ」が行った「ゼクシィ結婚トレンド調査2008」によると、挙式・披露宴・披露パーティーの平均費用は約317万円であり、カップルの新しい門出に様々なモノやサービスが必要とされていることがわかるだろう。

これを企業の側から見ると挙式・披露宴会場ひとつをとってもホテル、結婚式場、レストランなどの多くの業種が競争をしており、より細かく見ていくと貸衣裳業、生花業、写真業など様々な企業がそれぞれ婚礼に関するサービスを提供しているといえる。

本章では婚礼用貸衣裳業から婚礼にまつわる様々なサービスを提供する総合ブライダル企業へと発展し、「海外ウェディング」「リゾートウェディング」という新しい市場を開拓したワタベウェディングのケースを通じて、新しいサービスを創造するプロセスについて学んでいこう。

## 2　ワタベウェディングの成長

### ◆ 海外市場への注目

　ワタベウェディングは1953年（昭和28年）に貸衣裳業として創業した。もともと、第2次世界大戦後、復員した元軍人たちの結婚ラッシュならびに空襲で衣類をなくした人々へ、創業者である渡部泰次・フジが焼け残った渡部家の持つ婚礼衣裳を貸し出したのがはじまりであり、それが自然と家業となったという（『日経ベンチャー』1998年4月号、49頁）。

　はじめは家業からはじまったワタベウェディングの成長を語る上で、大きく転機となった点が3つある。第1の転機は1973年（昭和48年）のハワイ出店、第2が1990年代からの貸衣裳業から総合ブライダル企業への転身、そして第3が2000年代に入ってからの「海外ウェディング」から「リゾートウェディング」へという企業ミッションの拡大である。それでは、第1の転機となる1973年（昭和48年）のハワイ出店から見ていこう。

　当時、2代目である渡部隆夫社長（現会長）は、「戦後のベビーブーム世代の結婚は今がピーク。それを過ぎれば貸衣裳業界で熾烈な客の奪い合いが起きる。何か打つ手はないだろうか。」（『日経ベンチャー』1998年4月号、49頁）と考えた。そんなとき、ハワイで結婚式をあげるカップルがウェディングドレスを日本から持ち込むという話を耳にする。

　当時の日本の結婚式は国内の神社・教会や結婚式場、ホテルで行われるのが一般的であった。当時はベビーブーム世代の結婚適齢期で挙式数が多かったが、結婚式自体画一的なものが多かった。一方で日本は高度経済成長を経て豊かになっていたため、自分たちらしい結婚式を挙げたいカップルの思いとはかけ離れていたという。

　そのような中、海外で挙式をあげる2組のカップルの話を聞き、渡部隆夫社長（現会長）は考えた。「うちに2組もあったということは、日本全国で、ハ

# 第1部 サービス経営のマネジメント

ワイで挙式したカップルは何組いるんやろう」(『ブライダル産業新聞』、第393号)

　そこで海外挙式の数を試算してみると、潜在的には1,000組以上のニーズがあることが予測された。さらに、海外での貸衣裳業はこれまで日本の企業は参入していない新しい市場である。このような状況を受け、ワタベウェディングでは海外で結婚式をあげるカップル向けに現地で貸衣裳をレンタルするサービスをはじめることとなったのである。

　この事業は、当初消費者に認知をしてもらうために、1週間100ドルでレンタルを行う、という低価格戦略をとったこと、大手旅行会社と提携をすすめて海外挙式ツアー申込者に囲い込みを行ったこともあり、初年度には年間約1,000組のカップルがワタベウェディングのドレスで海外挙式をするという成功をおさめた。

　しかし、成功できたのは単に囲い込みに成功したからではない。若者の「自分たちらしい結婚式を挙げることのできる海外挙式志向」というニーズを2組のカップルだけではなく多くのカップルが持っていたこと、そしてそのニーズに貸衣裳業として注目したからこそ新たな市場を開拓することができたのである。

## 貸衣裳業からウェディングサービス業へ

　海外挙式を望むカップルが増える一方、海外では日本人向けのサービスに対応する基盤が十分整っていないことも多かった。したがって市場をより拡大していくためには貸衣裳だけでなく挙式運営やヘアメイク、記念撮影など様々なサービスを日本と同じレベルで提供することが不可欠となる。

　そこで第2の転機が訪れる。上記の問題を解決するために、90年代に入るとワタベウェディングでは貸衣裳業だけではなく自社チャペルの経営への進出、ウェディングドレスの販売、結婚式に関するサービスをトータルで提供することとなった。例えば、渡航手配、挙式後の食事会の手配、ヘアメイク、記念撮影などである。

第2章　サービス創造のマネジメント

【写真2-1　海外挙式の様子】

写真提供：ワタベウェディング株式会社

　しかし、ここで重要な課題が出てくる。それは、ウェディングサービスの複雑さだ。一言で結婚式といっても、前述したとおりそこには様々なサービスが含まれている。これまでは、貸衣裳業だけであったため、旅行代理店で海外挙式ツアーの申込者に対し、貸衣裳のパンフレットを渡してもらい、実際に国内の店舗へ来店をしてもらって、試着してもらい契約という形をとっていた。しかしトータルでウェディングサービスを提供するとなると、それぞれのサービスに対して、商品説明を行わなければならない。

　さらに挙式を挙げるカップルにとってははじめてのサービスも多く、申込の

## Column 2-1

### サービス製品の形成要素

　多くのサービス製品は、一種類のサービスだけが提供されているのではなく、複数のサービスが組み合わされて提供されている。サービスは大きく分けて4つの構成要素からできているという（近藤隆雄『サービス・マネジメント入門（第3版）』生産性出版、2007年、38-46頁）。以下ではこの枠組みに従い、各構成要素を結婚式のケースで考えてみよう。

(1) コアサービス

　サービスの中でも中心的なサービスである。顧客は主にそのサービスを利用するために代金を支払う。結婚式サービスであれば、幸せな門出にふさわしい挙式と披露宴のための場所の提供である。コアサービスがしっかりと提供されなければ顧客の満足度は下がる。例えばいかに料理や衣装が素晴らしくても、式を予定通りに行うことができなければ顧客は非常に不満を感じるのである。

(2) サブサービス

　コアサービスに付随する副次的なサービスである。顧客は多くの場合「思い通りのコアサービスが提供されるのが当たり前」と考えており、サブサービスの内容でより強い満足を感じたり、他社との比較を行ったりするからである。結婚式サービスの場合、衣裳の豊富さ、挙式時の写真の美しさなどが上げられる。

(3) コンティンジェントサービス

　コアサービス、サブサービス以外のサービス提供要望に対応するための状況適応的なサービスである。結婚式サービスの場合、本章の「かりゆしウェア」のレンタルなどがそれにあたるだろう。コンティンジェントサービスによって、顧客はさらに満足を高める。

(4) 潜在的サービス要素

　顧客がサービスを体験することがどのような意味を持つのか、それぞれそのサービスにどのような意味付けをしているのかに関する要素である。結婚式サービスの場合、挙式場所が海外チャペルなのか日本の神社仏閣での挙式なのかによって、結婚式のイメージ、その意味は異なってくるだろう。さらに「写真だけを撮り子どもに見せたい」と思うカップルにとっては結婚式自体が目的なのではなく、将来子どもに結婚式の様子を伝えることが目的となる。

手順も煩雑であった。そこでワタベウェディングにおいて導入されたのが、ウェディングプランナー制度である。

## 3 ウェディングプランナーによるサービス価値の創造

　ウェディングプランナーとは挙式に関する様々なサービスをどのように利用するか、そして挙式をどのように演出するかについてアドバイスし、そのプロデュースを行うスタッフのことである。

　結婚が決まり、カップルは「2人のイメージする理想の結婚式」を思い浮かべる。しかし、式場（結婚式を挙げる国）はどこにするか、衣裳はどうするか、式ならびに披露宴の演出や会場装飾をどうするか、ハネムーンはどこにいくか、引き出物は何にするか等具体的な事柄になると、困ってしまう。

　なぜなら、そもそも提供されるサービスに関する知識や利用経験がないために、何からはじめればよいか、何を準備すればよいかなかなか決定することができないからである。

　そこで結婚式を挙げることが決まったカップルは、まずワタベウェディングの店舗に赴き、ウェディングプランナーに「どのような結婚式を挙げたいか」をまず相談する。そこでカップルの希望を聞き、「自分たちだけの結婚式」を実現するための商品の説明・助言をするのがウェディングプランナーである。挙式・披露宴の準備期間はだいたい半年から1年といわれている。その中で顧客と平均5〜10回程打ち合わせをするという。その中で適切にサービスを組み合わせ、説明・助言をし、顧客の「はじめての不安」に答えていくのである。

　ウェディングプランナーという存在には顧客への説明・助言だけではなく、もう1つ重要な役割がある。個々のサービスを組み合わせることで、それぞれのサービスが単独で存在する場合よりも価値を生み出すということである。

　前述したとおり、結婚式にまつわるサービスは多種多様である。チャペル、衣裳、料理、会場演出、引き出物……それぞれを単独で決定するよりも、ウェディングプランナーがカップルに合わせて組み合わせて提案することで、「自

分たちらしさ」を実現してくれる。そのことに顧客はさらに魅力を感じるのである。加えて、ウェディングプランナーを通じて、ワタベウェディングを通じて申し込みができるため、カップルにとっては様々な業種の店舗に足を運ぶ手間を省くことができる。

ウェディングプランナーという存在はまさに「自分たちだけの結婚式」を求める顧客に対し、サービスを組み合わせワンストップでトータルプランを提供するという形で新たな価値を提供する存在なのである。

【写真2-2　ウェディングプランナー】

写真提供：ワタベウェディング株式会社

## 4 国内進出とウェディングスタイルの多様化への対応

ワタベウェディングでは海外で挙式を行っても日本で挙げるのと同じサービスを受けることができる体制を整えたこと、そしてウェディングにまつわるサービスの複雑さをウェディングプランナーによって解決したことによって、ワタベウェディングは順調に業績を伸ばしていった。その結果、1997年（平成9年）にはブライダル業界で初めて株式上場を果たしている。

しかし、第3の転機は、そのようななかで訪れた。きっかけは2001年（平成13年）に起こった米国同時多発テロ、2002～2003年（平成14～15年）に流行し

第2章　サービス創造のマネジメント

たSARSである。これにより海外挙式のキャンセルが相次いでしまったのである。それまでワタベウェディングでは海外挙式が主な収益源であったため、大きな打撃をうけることとなった。そこでワタベウェディングでは、海外挙式が実現していた価値について国内で実現できないかを考えることとなった。

　そこで出てきたのが、沖縄や北海道といったリゾート地での「リゾ婚」、京都の神社仏閣で和装の結婚式を行う「京都和婚」である。

　海外で展開した事業を国内で行う、これらの取り組みは一見非常に新しい取り組みに見えるかもしれない。しかし、海外挙式が求められてきた具体的な理由を考えてみると、そのひとつに海の見える教会や古城での挙式など、日本の従来のホテルや式場にはない「非日常」の魅力があることがあげられる。加えてハネムーンと同時に行うことができ、招待客の数も国内で行うより少なくする傾向にあるため、招待客の調整などの準備期間の短縮や費用を抑えることができることを魅力として考えるカップルも多いという。

　したがって、挙式場が国内にあるか、海外にあるかの違いで式場に消費者が感じる価値は非常に似ており、かつ国内という安心感も与えることができる。さらに、いままで海外ウェディング事業で培ってきたウェディングプランナー制度を活用することができるのである。つまり既存のビジネスモデルを利用し顧客のニーズにあったサービスを提供しているのである。

　加えて現在、ワタベウェディングは渡部秀敏社長のもと、結婚スタイルのさらなる多様化への対応を行っている。80年代に流行した豪華な結婚式スタイルである「ハデ婚」、一転して90年代に流行した自分たちにあったシンプルな形の結婚式を行う「ジミ婚」を経て、近年では結婚の形式自体が多様化している。

　例えば、妊娠中や出産後に結婚式を挙げたい、入籍の際に式は挙げなかったが落ち着いたので子どもと一緒に挙式をしたい、写真だけを撮りたい、銀婚式や金婚式など結婚○周年の記念日にもう一度挙式をしたい、など様々なニーズにこたえる結婚式を提案している。

　例えば、挙式時に新婦が妊娠している「おめでた婚」では新婦の負担を考え、挙式地や演出をあえてパッケージ化して準備作業を簡素化する。ウェディング

### 第1部 サービス経営のマネジメント

プランナーと直接会わずに、メールや電話のやり取りだけで打ち合わせをすることができるため、最短1カ月で挙式できるという(『日経MJ』、2007年7月6日)。

また、結婚35周年を祝う「サンゴ婚式」では、結婚式と同じように夫はタキシード、妻はドレスに身を包み、バージンロードを歩く。しかし、指輪の代わりに夫が妻にブーケを手渡し、その中の一輪の花を夫の胸元にさす「ブーケセレモニー」や、誓いの言葉の代わりにこれまでの感謝の言葉やこれからの人生を一緒に頑張っていこうという言葉を交わす(『琉球新報』、2007年12月2日)。

この場合、1から新しくサービスを考えるのではなく、既存のサービスをターゲットに合わせて魅力あるものに組み合わせることで新たなスタイルに対応しているという。なぜなら、結婚の形式が多様化しても結婚式サービスに求められる価値は「幸せな門出の演出」という従来の結婚式と同じものであり、既存サービスとターゲットにあわせて組み合わせることで従来のサービスでの価値の実現が可能だからである。

## 5 顧客の声からアイディアを生み出す

海外挙式への進出、貸衣裳業から挙式・パーティ全体のプロデュース業への進出、ウェディングプランナー制度の導入、海外挙式から国内挙式への展開……ワタベウェディングは業界はじめての試みを積極的に行い、ここまで成長してきた。このワタベウェディングの成長を支えたのが「顧客のアイディア」を経営に取り入れる仕組みである。

そもそもの出発点である海外挙式がハワイ挙式を希望した2組のカップルからはじまったことからわかる通り、業界初めての試み、つまり隠れたニーズの発掘においては、いわゆる「少数意見」を取り入れたことによって実現をしてきた。消費者は自分たちらしい結婚式を挙げたいと考えているが、経験が少なく、それをなかなか言葉にして表現するのは難しい。したがって、そのような消費者の側から出てきた意見は少数であっても、その裏側には同じニーズを持

つ消費者がたくさんいる可能性があるのである。渡部隆夫会長のベンチャーは「1,000個試して、3つしか当たらない。3つ当てるには1,000回チャレンジするしかない」（『日経ベンチャー』2009年1月号、48頁、渡部秀敏社長インタビューより）と話したというエピソードからもワタベウェディングの成長のカギはここにあることがわかるだろう。

　この少数意見を吸い上げ、検証する取り組みは、はじめはそれぞれの社員、部署で行われていた。しかしそれでは貴重な意見を聴き逃してしまうこともある。これを社内の仕組みとして取り入れたのが「イレギュラーレポート」である。

## ◆ アイディアを生み出す仕組み「イレギュラーレポート」

　例えば、沖縄での挙式を予定しているあるカップルから、参列者に沖縄伝統の衣裳である「かりゆし」をレンタルしてほしいという希望があったとする。全国にある拠点の営業担当者はその日のうちにそれをイントラネットに記入する。こうした予想外のニーズに対応できるかどうかは挙式を行う現地の担当者が回答し、対応可能な場合は個別に対応する。

　しかしそれだけではもちろん終わらない。こうした予想外の要望を集めて、月に1度ほど実際のサービスにできるかを各事業所において検討する。そのうえで関係する本社の部署へ要望をまとめて送り、各部署で検討を行う。この要望をまとめたレポートが「イレギュラーレポート」である。

　イレギュラーレポートを受け取った本社の各部署は、上がってきた内容について検討をし、他の顧客からの支持も得られそうであれば、実際にサービスとして提供を行う。重要なのは、要望をあげたカップルに対するサービスとしてだけ展開するのではなく、他のカップルへも提供可能かどうかを検討するという点である。

　カップルの視点から考えると、結婚式は一生に1度の大切な思い出であるため、できる限り自分たちの思う通りにしたい。しかし結婚式を挙げるカップルの中には、挙式する前にはなかなか必要なサービスに気付くことができずに、

## 第1部 サービス経営のマネジメント

挙式を終えてから「あのようなサービスがあったらもっとよかったのに」と思う人々も少なくない。特にサービスや商品が複雑で決定しなければならないことがたくさんあるだけにこのようなことが起こってしまう。しかもやり直しができないだけに顧客にとっては大きな問題であるし、企業にとってもチャンスを逃してしまうことになる。それをイレギュラーレポートで回避することができる。

イレギュラーレポートの取り組みが重要な点はもう1つある。それは、現場ではなかなか気付かない思わぬアイディアを創造できるという点である。ワタベウェディングは「自分たちらしい結婚式」サービスをウェディングプランナーが適切に組み合わせて提供することで成長してきたことは前述した。しかし、「自分たちらしい」というのは1,000組のカップルがいれば1,000通りの結婚式があるということである。これをウェディングプランナーがサービスの組み合わせによって提供してきたのであるが、やはり「サービスの定番化」「結婚式の定番化」は避けられない問題である。そこで、現場にいると近くて見えない、ちょっとした工夫で実現できるサービスを顧客の側からアイディアとして出してもらうことで、新たな魅力の創造につなげているのである。

さらに、半年に1度はサービス・商品内容を再評価し、顧客が望むサービスを定番に加え、人気のないサービスははずしていく。例えば先に紹介した沖縄でのかりゆしレンタルはすでに定番サービス化しているという(『日経ビジネス』2009年5月11日号、64-68頁)。

## 6 サービス経営における価値創造

ここまで見てきたワタベウェディングのケースでは様々な新しいサービス創造の取り組みがなされていた。サービス経営においてサービスをいかに「開発」するかは大きな問題である。モノのように目に見えない分、差別化や新しさを消費者に訴えかけることが難しい。もちろん、新しいサービスを開発し、導入することはもっとも重要である。しかし、それにはコストもかかるし、従

## Column 2-2

### 顧客との価値共創

　本章で取り上げた顧客の声を取り入れて、よりよいサービスを作り上げていくことを「顧客との価値共創」と呼ぶ。つまり顧客と対話しながら製品やサービスを組み立てていくことでより価値のあるものを生み出すことができる、という考え方である。

　ただ、顧客との価値共創は「顧客のニーズをすべて聞く」ことではない。極端に言えば顧客のニーズをすべて聞こうと思うと、1人ひとりに何が欲しいかを1つずつ聞かなければならない。これには非常に多くの費用がかかる。さらに、顧客はなかなか自分の欲しいものを言葉に表すのが難しい。実際の製品やサービスになってはじめて「私もこんな製品やサービスが欲しかったんだ」ということが往々にして起こる。

　ワタベウェディングにおいて、かりゆしウェアが定番化した理由には、はじめに声を上げたカップルのようにかりゆしウェアを出席者に着てもらおうと思っていたカップルだけではなく、サービスとしてウェディングプランナーに提案されてはじめて「こんなサービスがあるのなら、私たちの挙式でも行いたい」と思うカップルが多くいたからではないだろうか。さらに「こんなサービスがあるのなら」と思ったカップルにとっては、必ずしもかりゆしウェアでなくとも、沖縄らしい出席者の衣裳でよかったかもしれない。

　伝統的なマーケティング論では消費者には確固たる欲望がありそれに応じて製品に対するニーズが生まれると考えられてきたが、実際はそうではなく製品（手段）が欲望（目的）を決める、さらに、消費者の欲望はあいまいであるということが言えるだろう（石井淳蔵『マーケティングの神話』日本経済新聞社、1993年、39-43頁）。

　だからこそ、「どんなサービスがあったらいいと思いますか？」というような調査にとどまらず、顧客とウェディングプランナーの対話の中から新たなニーズを発見し、さらに実際にサービスとして提示することで顧客のニーズを喚起することで価値のある製品やサービスが生まれるのである。

### 第1部 サービス経営のマネジメント

業員教育、場合によっては組織改革も必要である。そこで必要となるのは、サービスをいかに組み合わせて新しい価値を生みだすかである。

　加えて、差別化や新しさを訴えかけるためには常にサービスの見直しを行う必要がある。そのためには顧客の声を聞くことが重要であるが、多くある要望に目が行きがちである。もちろんそれも重要であるが、少数の要望からアイディアを見つけ出し、顧客の気付かなかったニーズに応えることも新しいサービスを常に提供するためには必要である。

　さらに、新しい価値のあるサービス開発を実現するためには同時に組織の中で仕組みづくり（ワタベウェディングの場合、ウェディングプランナー制度やイレギュラーレポート）をすることが重要になるだろう。

## 7 おわりに

　本章ではワタベウェディングのケースを通じ、新たなサービスの創造について学んだ。サービスを創造する、というと社内や顧客から多くの声を集め、できるだけ画期的なアイディアを採用すればよい、と思うかもしれない。しかし、画期的なアイディアには顧客自身が驚いてしまい、なかなか受け入れられないというリスクも存在する。

　したがって、重要となるのは、サービスを組み合わせて単独で提供するよりも価値あるものにする仕組み、新サービスの創造のためのアイディアを出す仕組みの2点である。その際には必ずしも費用のかかる画期的な新しいサービスは必要はない。また、サービスはモノとは違い人間が提供するため、1人ひとりにあわせて組み合わせを変えることが比較的容易である（これをカスタマイゼーションと呼ぶ）。したがって、組み合わせによる価値の創出が効果を発揮する。さらにサービスをより価値のあるものにするためには、潜在的なニーズを掴み取ることが重要であり、そのためには顧客の声をいかに集め、いかに組織の中にとりいれるかが重要となる。

　今後、様々な業種でいかにサービスを組み合わせて価値あるものにするか、

第 2 章　サービス創造のマネジメント

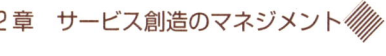

さらに多様化するニーズにいかに応えるかがサービス経営の重要な課題になるだろう。

## ❓ 考えてみよう

1. みなさんが「結婚式」を挙げると仮定して、どのような手段を使って情報を調べるだろうか？　また、手段の違いによってどのようなメリット・デメリットがあるだろうか？　実際に情報を調べて考えてみよう。

2. みなさんのまわりにも様々な「顧客の声を取り込む仕組み」がある。みなさんが企業に声を届けるためにはどのような手段があるだろうか。実際に複数の例をあげ、それぞれの手段について企業の目線からメリット、デメリットを考えてみよう。

3. みなさんのまわりで複数の製品・サービスを組み合わせて提供している会社やお店をひとつあげてみよう。そのうえで、会社・お店はサービスを「どのように」組み合わせることで価値を生み出しているかを考えてみよう。

### 参考文献

石井淳蔵『マーケティングの神話』日本経済新聞社、1993年。
石井淳蔵・廣田章光編著『1からのマーケティング』碩学舎、2009年。
小川孔輔『マーケティング入門』日本経済新聞出版社、2009年。
近藤隆雄『サービス・マネジメント入門（第3版）』生産性出版、2007年。
ワタベウェディング　プレスリリース。

### 次に読んで欲しい本

近藤隆雄『サービス・マーケティング―サービス商品の開発と顧客価値の創造』生産性出版、1999年。
山本昭二『サービス・マーケティング入門』日本経済新聞出版社、2007年。
クリストファー・ラブロック、ヨッヘン・ウィルツ『ラブロック＆ウィルツの

# 第1部 サービス経営のマネジメント

サービス・マーケティング』(白井義男監修、武田玲子訳) ピアソン・エデュケーション、2008年。

# 第3章

# サービス経験の
# マネジメント

■スターバックス

1．はじめに
2．日本のコーヒーと喫茶店の前史
3．スターバックス降臨前夜
4．第三の場所
5．おわりに

◆第1部　サービス経営のマネジメント

# 1 はじめに

　ここはお茶の水、学生の街。つかみの文章が書きだせなかった僕は、マックブックエアを持って、ここスターバックスにやってきた。スキニーラテとブルーベリークリームスコーンで、かれこれ1時間半、文章を書いては消し、書いては消しを繰り返している。あ、なんだか書けそうだ。

　いきなりスターバックスのスキニーラテ（無脂肪ミルクのカフェラテ）が出てきて、ここらでいったんコーヒーブレイクを考えた読者がいるかもしれない。コーヒー好きの人は読書の前に、深煎り豆をコーヒー・ミルで好みの荒さに碾いて、じっくり蒸らしながら、丁寧にドリップしただろう。ひとつひとつのアイテムは無駄なく配置され、その隙のない一連の手さばきは芸術的で、神聖な儀式のようですらある。

　このとき、コーヒーを飲むという行為よりも重要なことは、一連の儀式にこそある。こういった行為の意味を消費することを経験消費と呼ぶ。この章で考えることは、何かを消費するプロセスに発見される意味である。たとえば、文章が書けなかった僕が必要だったのは、コーヒーでも飲めば文章が絞り出せるかもしれない、という救いである。このような場に置かれたコーヒーは、もはや飲み物ではなく、何かの象徴や投影された願いになっている。

　意味を構成する消費の典型例はスターバックスで観察できる。スターバックスはコーヒーとともに、消費経験（第3の場所）を提供し、見事な成長を果たしてきた。スターバックスはコーヒーの経験をそれ以前以後に分離した。以下では、まずスターバックスが登場するまでのコーヒーの意味を簡単に理解しておこう。それによって、その後のスターバックスの提供したコーヒーの経験消費との違いが際立つだろう。さらに、経験消費の理論を紹介して、「おわりに」では、この章のまとめをしよう。

第3章　サービス経験のマネジメント

【写真3-1　スターバックス コーヒー 銀座松屋通り店（日本1号店）】

写真提供：スターバックスコーヒージャパン株式会社

## 2　日本のコーヒーと喫茶店の前史

　連合赤軍が浅間山荘を占拠し日本中のメディアを釘付けにした1972年（昭和47年）、フォークソンググループ「GARO（ガロ）」が「学生街の喫茶店」を歌った。「君」と「僕」が学生で賑わう喫茶店でわけもなくお茶を飲み話したことを、数年たって回想するという内容である。ここで歌われている「お茶」というのは、紅茶かコーヒーのことである。歌詞に出てくるふたりはお茶を飲むためではなく、話をするために喫茶店に来るのである。東京・お茶の水の近くにあった「丘」という喫茶店が舞台だとまことしやかに言われることがあるが、作詞した山上路夫によれば「特定の場所はない」ということだ（東京新聞、2009年1月25日11版）。

**第1部 サービス経営のマネジメント**

## ◆ コーヒー・ショップと喫茶店

　コーヒーが単なる飲み物以上であるという傾向は何も日本だけのことではない。日本では徳川家光の時代、1650年（慶安3年）にはロンドンでヨーロッパ初のコーヒーハウスができていた。このコーヒーハウスは、人々（ただし男性限定）が集まって議論をする場であった。イギリスは後にコーヒーから紅茶の国に代わっていくので、このコーヒーハウスはやがて廃れてパブがその機能を担っていくことになる。

　日本では、喫茶店がコーヒーハウスにあたるだろう。文字に残った記録ではないのだが、1700年代にはおそらく長崎出島ではコーヒーが飲まれていたと推察されている。1783年（天明3年）、徳川家治が第10代征夷大将軍の頃、翻訳されたショメル（1633-1712、フランス人。神父で神学校の校長を務めるなど、世事に造詣が深く1709年『日用百科事典』を出版する）の百科事典を訳した『厚生新編』の中にはコーヒーについての解説が記載されている。とはいっても、日本でコーヒーをたしなむようになるのはもう少し時代が進んで、1876年（明治9年）、浅草の御安所コーヒー茶館や1878年（明治11年）、神戸元町の放香堂などである。放香堂は今も元町に残るお茶屋であるが、もう少し正しく言えば、それらのお店は喫茶店というよりもコーヒー豆の小売り販売と店頭でのコーヒーの無料体験であった（放香堂の広告では、店頭で喫茶ご自由―読売新聞広告、1878年12月26日がある）。

　GAROの歌に出てくるような話ができる初めての喫茶店は、1888年（明治21年）、東京下谷区上野西黒門町（現在の台東区上野）に開業した可否茶館といわれている。1911年（明治44年）12月には、今も残る銀座カフエーパウリスタが開店した（公式には銀座店が1号店ということだが、長谷川の調べでは箕面店がそれに先だって6月25日に開業している）。

　小説や随筆あるいは新聞記事にでてくるそれらの喫茶店はコーヒーを味わう以上の場所でもあって、そこで過ごす経験の貴重さが語られている。喫茶店には文士が集い、大学教授が学生と議論をした。異国から届けられた香りと味は、

文明開化の雰囲気やハイカラさの象徴であった。

## コーヒーの全国展開

　喫茶店のこういった特性は、業界の成長にも極めて重要であった。コーヒーの輸入は、1920年（大正9年）から1930年（昭和5年）にかけて劇的に増加するが、それは同時に喫茶店の店舗拡大にもつながっていく。たとえば、1877年（明治10年）にはコーヒーの輸入量は18トン（1万8,000キロ）で、その量は明治時代を通じてずっと伸びなかった。ところが、1920年（大正9年）を境にコーヒーの輸入量は劇的に増加する。1921年（大正10年）に380トン、1930年（昭和5年）1,887トン、1937年（昭和12年）8,571トン、と凄まじい伸びを示した。

　これと並行して、喫茶店の数も急激に増加する。資料は東京に限られるのだが、1898年（明治31年）に69店、1923年（大正12年）でも55店舗だった喫茶店が、1924年（大正13年）には159店舗と3倍近くに増え、1929年（昭和4年）1,000店を超え、1937年（昭和12年）には3,000店に達した。なぜこのように喫茶店が増えたのか、と言えば、それはチェーン店化である。前述のカフエーパウリスタは、この時代に全国に20店のお店を出店し、コーヒーの全国的流通に貢献した。

　驚くべきは、コーヒーと喫茶店の地方への適応性である。というのは、当時のコーヒーは決してコモディティではなかったし、万人が知るところのものでも好むものでもなかったからだ。喫茶店の初期には、まだ異国の珍しいものであったにもかかわらず、コーヒーは瞬く間に世に受け入れられるようになっていった。この普及が進む過程では、コーヒーのみならず喫茶店の社会的効果を見逃してはならないだろう。実際、スターバックスの成功はコーヒー・ショップの社会的効果を抜きには語れないからである。そこで、次にはスターバックスの成功のメカニズムを考えよう。

# 3 スターバックス降臨前夜

　喫茶店が非常に強い社会性を持っていたことは、世の東西を問わないようであった。もっというならば、今も昔も喫茶店あるいはコーヒーのあるところには、社会性があった。ここで社会性とは、自分と誰かがつながっている状態のことである。この場合、誰かというのは、友達や特定の個人であっても構わないが、ここではもっと字義的な意味でとらえて、そこに行ったら場を共有できる知らない誰かのことである。

## 喫茶店の競争力

　その意味でいえば、喫茶店もスターバックスも、社会的に受け入れられていく理由は同じであった。社会的なつながりを発見できる場、これである。しかし、そういった喫茶店とスターバックスには、それでも違いがあった。それは喫茶店の競争や成長のための技術を考えれば、明確になってくるだろう。スターバックスの成長の手法は、後述するが、ここでは喫茶店との違いだけを簡単に触れておこう。

　喫茶店の競争手段は、結局のところ、コーヒーのおいしさである。おいしいコーヒーを出す喫茶店という評判は、顧客を呼ぶ明確な手段になるからである。しかし、残念ながら具体的にいえば豆なのである。コーヒーのおいしさを語ることは、すなわち、豆を語ることだった。ブルーマウンテンはコーヒーの王様であり、キリマンジャロがコーヒーの女王だった。喫茶店のコーヒーは豆が主役であり、その味を引き出すのがサイフォンやドリップあるいは水出し、といった脇役の抽出技術であった。仮に喫茶店が有名になるとしたら、それは気難しい名物マスターか、司馬遼太郎行きつけの店といった、メディア好みの要因でであった。喫茶店の評価は「おいしいコーヒー」で決まっていたのだ。

　そういった「おいしいコーヒー」で成長しようとすれば、そのときのマーケティング手法はおそらく古典的テキストの4Pミックスでも可能だろう。製

## 第3章　サービス経験のマネジメント

品（コーヒー）をおいしさで差別化し、それを告知するために広告を使えばいいのだ。スターバックスは違う。驚くべきことに彼らは、1987年（昭和62年）から1997年（平成9年）までの10年間で、わずか1,000万ドル（1ドル日本円90円で9億円）しか広告費を使ってこなかった。にわかには信じがたい値である。これはコカ・コーラ社が使う2日分の広告費だといわれている。どれほど既存のマーケティング手法と違うのか、そこでスターバックスの成長を考察する前に、簡単にその軌跡をみておこう。

### ◆ スターバックスの設立

　あまりにも有名になったが、現在のスターバックスは、創業時のスターバックスではない。スターバックスの創業者は、ジェリー・ボールドウィン、セヴ・シーグル、それにゴードン・バウカーで、3人はサンフランシスコ大学の友達だった。シアトルに戻った彼らは、良質のコーヒー豆を商売にすることを考えついた。彼らは、1971年シアトルのハーバー・ヘイツビルに1号店を出した。その後、ワシントン大学と州議会議事堂横に2つの店を開店した。今、1号店となっているパイク・プレイス・マーケットのお店は、1号店の入っていたビルが解体されるのに伴い移転した先なので、時間の経過だけをみれば4番目に開いたお店である。

　今でもパイク・プレイス・マーケットの1号店には、創業時の名残がある。まずセイレンのマークが今の緑色と違って茶色なのである。店の中に椅子とテーブルはなく、店内ではゆっくりくつろぐことはできない。当時のスターバックスは、煎った豆を販売するコーヒー・ショップだったからだ。彼らは自分たちの商売を、上質なコーヒー豆を販売することだとみなしていた。

　それには2つの関連する理由があった。第1に、当時のアメリカのコーヒーは決して満足する品質ではなかったからである。それなら自分たちで、コーヒーの啓蒙をしようというわけである。第2に、彼らがコーヒーを学んだのがコーヒー豆を売るコーヒー・ショップだったからである。彼らがコーヒーを学んだのは、アルフレッド・ピーツからである。ピーツは、1966年カリフォルニ

## 第1部 サービス経営のマネジメント

アのバークレーに「ピーツ・コーヒー&ティ」をオープンした。ボールドウィンとバウカーも、ピーツのお店の顧客で、コーヒーのすべてをピーツから学んだのだった。前期スターバックスは、3人の思い通り、シアトルで成功を収め、1980年までに4店舗を営業していた。

　1981年、ニューヨークのハマープラスト社で、コーヒーメーカーを売っていたハワード・シュルツがスターバックスのボールドウィンのもとを訪れる。当時は、すでに創業者のうち二人が別の事業を始めるためにスターバックスを去っていた。シュルツは敏腕営業パーソンで、スターバックスが大量にコーヒーメーカーを仕入れるのがなぜかを探りにシアトルにやってきたのだった。ところが、探りにきたシュルツはスターバックスに魅せられてしまった。1年間の交渉の末、シュルツはマーケティング・マネージャーとしてスターバックスに入社した。彼は1984年に、前年のミラノ出張でみたエスプレッソ・バー（イタリア語ではバールという）にいたく感動し、スターバックスでもそれをまねて出店することを提案する。ボールドウィンはシュルツの提案するエスプレッソ・バーを6号店で実験することを許可した。

　実験は成功して、シュルツはますますエスプレッソ・バーの可能性を確信するが、ボールドウィンはコーヒーレストランチェーンへの移行には乗り気ではなかった。それは自分の会社はコーヒーを飲ませる会社ではなく、良質の豆を売る会社だとみなしていたからである。しかもスターバックスはピーツ・コーヒー&ティを買収していて、新しいエスプレッソ・バーを出店する資金的な余裕はなかった。シュルツはとうとう自分でそれを始めることにした。そして1985年にスターバックスをやめて、翌年イル・ジョルナーレというエスプレッソ・バーを開店した。イル・ジョルナーレは大成功し、シュルツは瞬く間に2号店、3号店を出店した。そして1987年、シュルツはスターバックスが売りに出されていることを知る。ボールドウィンは、ピーツのお店だけを営業することにしたのである。一も二もなく、シュルツはスターバックスを買収し、イル・ジョルナーレの名前を変更した。新しいスターバックスが始まったのである（図3-1）。

【図3-1 スターバックスの設立までの経緯】

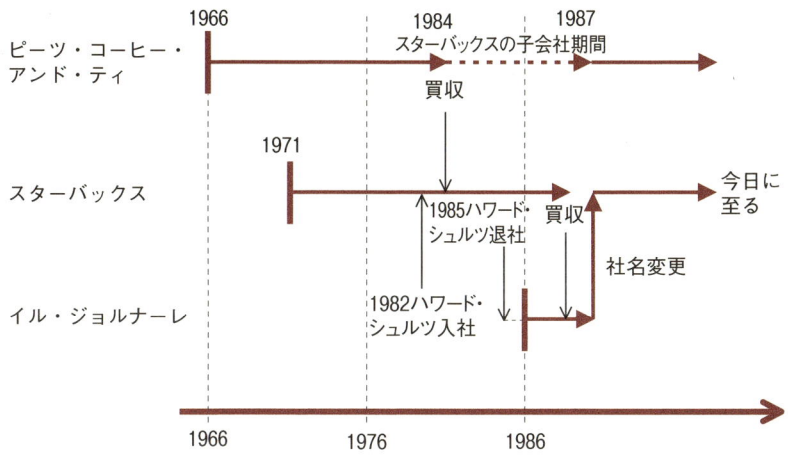

ピーツ・コーヒー・アンド・ティ：1966〜、1984 スターバックスの子会社期間、1987 買収

スターバックス：1971〜、1985ハワード・シュルツ退社、買収

イル・ジョルナーレ：1982ハワード・シュルツ入社、社名変更→今日に至る

横軸：1966　1976　1986

注：横軸は時間であるが、間隔は正確に時間には対応していない。

出所：筆者作成

# 4　第三の場所

　スターバックスの成長を語る上で、決定的に重要なのが、彼らの事業の定義である（**コラム3-1**）。事業の定義とは、誰に（顧客層）、何を（顧客機能あるいは価値）、どのように提供するのか（代替技術）を考える手法である。

## ◆ スターバックスの事業の定義

　たとえば、ピーツ・コーヒー・アンド・ティの事業の定義は、おいしいコーヒーを知らない消費者（顧客層）に、上手に焙煎した上質の豆を（代替技術）、家で楽しんでもらう（顧客機能あるいは価値）であった。事業の定義が経営上重要なのは、それが決まると投資の配分先を決めることができるからである。ピーツのお店であれば、店内でコーヒーを飲ませるスペースは不要である。というのは、そこは豆を買って帰るお店（小売店）だからである。1984年に、シュルツのエスプレッソ・バーの提案に、ボールドウィンが乗り気でなかった

## Column 3-1

### 事業の定義と経験価値

　サービスは、製品に比べて品質を測定することが難しい。それはたとえば、レストランのサービスを考えるとよくわかる。レストランのサービスを製品同様に属性で表現しても、それが顧客の感じるベネフィットになるわけではないからである。提供されるハンバーグが300gで500円だとして、それがそのレストランのサービスの評価を高めるとは限らない。むしろ、提供時間、お店の雰囲気や騒がしさといった環境が評価にもっと強く効いてくる可能性の方が高い。こういった実際に経験するまで提供内容の評価がわかりにくい財を経験財と呼ぶ。経験価値とは、経験財を消費する際に獲得するベネフィットである。

　経験価値は、特に財（製品やサービス）を使用したり、消費したりしている最中に発生するので、提供プロセスを上手に設計する必要がある。そのために使用可能な経営技術が事業の定義である。これは、わが社がいったいどんな価値を顧客に提供しようとするのかを決める手法である。事業の定義を使えば、誰（顧客層）に、どんな方法（代替技術）で、どんな価値（顧客機能）を、決めることができる。顧客層は、単に顧客や顧客グループと呼ばれることがある。顧客機能は、顧客ニーズや顧客価値と言われる時もあるが、ここでの使い方がもともとの用語である。

　事業の定義が重要なのは、顧客価値の提供プロセスを設計する基礎を与えることができるからである。以下の図3-2で考えてみよう。図3-2は、コピー機業界の事業の定義である。ゼロックスは、大企業の顧客に、レンタルサービスで、高速機を提供することを考えていた。一方、キヤノンやリコーといった日本企業は、中小企業に買い取りで小型低速機を販売（買い取り）すると考えた。事業の定義が違うと、当然、そのサービスを提供するプロセスの設計が異なってくるだろう。たとえば、大企業と中小企業では事業所の数が違うので、後者の場合は大きな営業部隊を用意する必要が出てくるだろう。

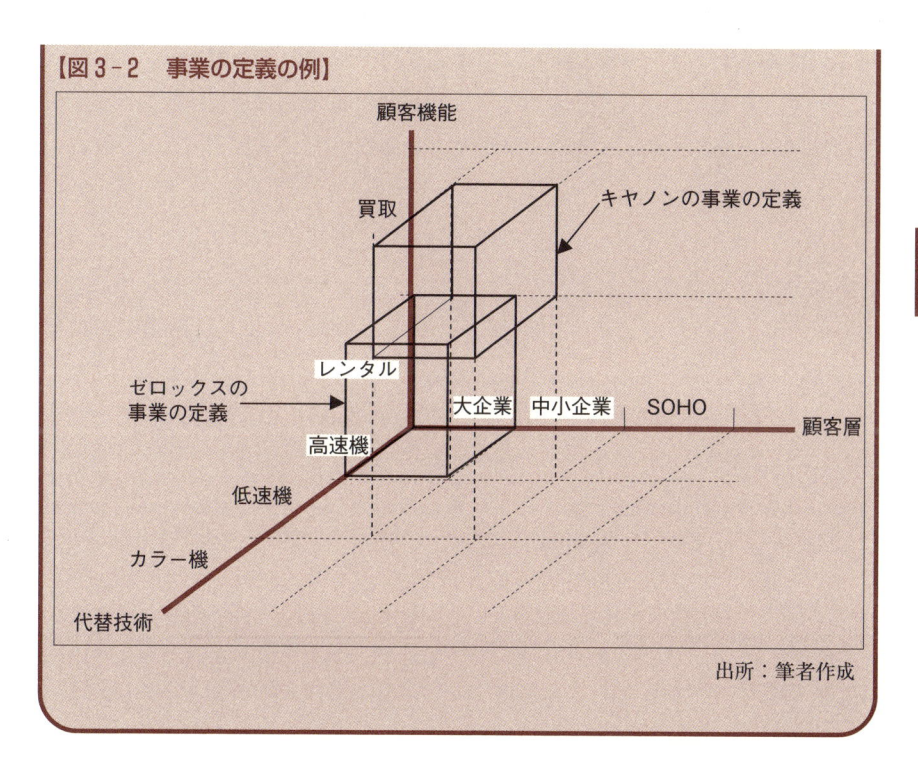

【図3-2 事業の定義の例】

軸：顧客機能／顧客層／代替技術
顧客機能：買取、レンタル
顧客層：大企業、中小企業、SOHO
代替技術：高速機、低速機、カラー機
ゼロックスの事業の定義
キヤノンの事業の定義
出所：筆者作成

のも、当時のスターバックスの事業の定義には「飲食業」という概念がなかったからだといわれている。ボールドウィンにとって、店内でコーヒーやエスプレッソを飲ませる仕事は「飲食業」であって、自分たちは「コーヒーの伝道者」あるいは「コーヒー豆の小売業」だと考えていたのである。そのような事業の定義では、コーヒー・ミルや焙煎機には投資をするが、店内の調度にはしないことになる。

　新しいスターバックスの事業の定義は「豆の小売業」ではない。それは「コーヒーの経験」を売る、であった。この事業の定義を理論的に支持したのが「第3の場所 (The third place)」概念であった。これは西フロリダ大学の社会学教授、レイ・オールデンバーグ (Ray Oldenburg) が唱えた概念である。第3の場所とは、家庭（第1の場所）でも職場（第2の場所）でもない空間上の位置である。第3の場所は家と職場を結ぶどの位置にでも設定することがで

きるのであるが、オールデンバーグはそこには不可欠の要素がある、という。すなわち、そこで市民社会が形成され、民主化に貢献し、そして社会活動が営まれなければならないのである。その第3の場所を、コーヒー・ショップにみることができるのである。

　スターバックスの事業の定義が「第3の場所」を提供することであるならば、それは既存の喫茶店とは違うマーケティングになるだろう。たとえば、コーヒー・ショップのサービスの中心がコーヒー（の味）から、店舗の設計に変わってくる。僕がそうだったように、そこアイディアをひねり出す場、になるのである。そして実際スターバックスでは、そのような店舗設計をしている（図3-3）。図3-3は、実際の店舗ではないが、アイディアルにつくりだしたスターバックスの店内である。つくりだしたとはいえ、この絵のために数十軒のスターバックスに通って、原稿書きをしたので、まるきり勝手な空想というわけではない。

　真ん中のテーブルでは2人の女子学生がノートを交換して、写し合いしているし、壁際のカウチでは、これも学生とおぼしき男性が脇目もふらずに村上春樹の『1Q84』を読んでいる。左隅のテーブルではiPodを聞きながら、男子学生が勉強をしている。窓に面したカウンターでは、ビジネスパーソンがファイルを拡げてポストイットに何か書き込んでは何枚も貼り付けている。そこではある種の芝居が上演され、大道具（カウチやテーブル）や小道具（絵画やコーヒーやケーキ類）などが見栄えのいいように配置されているのだ。

　アメリカではもっと強い社会性をコーヒー・ショップで感じることができる。日がな一日そこで新聞を読んだり、隣の人と語ったりして過ごす人々を観察することがいとも簡単にできる。コーヒー・ショップには地元でのコンサートや芝居上演の告知ポスターが貼られ、「売ります買います」のフライヤーが置かれている。そこに行けば、誰も知らなくても、確かに、社会とのつながりを感じることができるのだ。

　第1の場所が個人であることを開放できる場所であるならば、第2の場所は公共的な強制力を受ける場所である。そこでは社会性が重視され、私的なこと

第3章 サービス経験のマネジメント

【図3-3　劇場的シーンを表現した理念的なスターバックス概念図】

イラスト：大竹美佳

は排除されなければならない。第3の場所は、私的ではあるが、社会性が確保される場所なのである。

## スターバックス経験

　第3の場所概念を事業に変換して、スターバックスは世界中にコーヒー・ショップを展開してきた。コーヒー・ショップでの売り物は、決してコーヒーではない。コーヒーを通じて経験する第3の場所、すなわち、スターバックス経験なのである。われわれは、スターバックス経験を消費しているのである。

　経験を消費するというのは、サービスを消費するのとはまた少し異なる。サービスの消費とは、なかなか概念的には難しいのだが、つまるところはベネフィットである。それは、達成された希望である。たとえば、映画を観るというのは、それによって映画に描かれた映像や言葉を体験し、スリルやサスペンスあるいは、感動を得ることであったり、好きな映画俳優の動きを眺めていた

## 第1部 サービス経営のマネジメント

りしたい、という希望が達成された、と理解できる。

経験消費とは、それと違って、意味を消費することである。意味の消費とは、われわれは何かを演じており、その演技を支える大道具や小道具を配置させることである。必要なことは、自分の演じる行為を見つめる視線である。暴走行為ですら、その行為を悪い、と見つめる視線を必要とする。このように考えると、スターバックスの第3の場所の提供は、極めて合理的だということがわかるだろう。

冒頭でみたようにスターバックスには純粋にコーヒーを楽しむ以外の消費者がたくさん訪れている。むしろ、そっちの方が多いぐらいである。必要なことは、自分の作業ができることなのだが、それが社会と関連しているという実感である。そこには、自分の行為をそれとはなく見つめる社会的な視線がある。その際、サービスの提供を差別化させる技術は、提供されるサービスの質が自分の演じる物語をよりよく構成できるのかどうかなのである（**コラム3-2**）。

このような評価をしたからといって、スターバックスがとびきりおいしいコーヒーを提供してきたことを忘れてはならない。アメリカは、1990年代に産業構造を工業化から情報産業へ大幅に変容させたが、同時にコーヒーの品質もキリストがそれ以前以後を分けたぐらいに進化させた。その主役は、誰もが口を揃えてスターバックスだというだろう。もちろん、おいしいコーヒーはいつの時代もあった。しかし、それはある地域に限定的で、全国的には大規模メーカーの加工コーヒーが流通していたのである。しかも、スターバックス以前のおいしいコーヒーとは豆の種類を意味した。

スターバックスにも、世界中の豆は揃っている。世界中に安定した品質のコーヒー豆を供給できるサプライチェーンは、おそらくスターバックスにしかないだろう。ホールビーンであれば、好みの粗さに碾いてくれる。ドリップコーヒーは、毎日違う豆を提供している。しかし、スターバックスで注文される1/3がラテで、店舗の売上の1/3がフラペチーノによるものだという（テイラー・クラーク『スターバックス』二見書房、106ページと266ページ）。豆が主役とは決して言えない。

## Column 3-2

### サービスの劇場フレームワーク

　サービスの品質評価は、経験に強く依存する。サービスの経験を重視するのが劇場フレームワークである。劇場フレームワークとは、文字通り、サービスの提供現場を舞台とみなす考え方である。この考え方では、サービス提供という芝居を演じるのである。従業員は役者であり、それにかかわる一切の技術や手段は舞台装置や小道具となる。顧客は観客となって、演じられているサービスを鑑賞する。この鑑賞こそがサービスの経験である。

　サービスの劇場フレームワークは、従来からサービス提供を分析する際にしばしば用いられているサーバクション・フレームワーク（コラム1-1参照）と比較すると興味深い（表3-1）。サーバクション・フレームワークでは、サービスが提供され消費される顧客との接点が重要視されてきた。その場が、サービスの品質を決めると考えられてきたからである。したがって、マネジメントの要件としては、背後の組織やシステムの重要性を前提としつつ、その場の物的な環境（顧客のサービス受容の現場の雰囲気をつくるから）と、顧客接点となる従業員が焦点であった。提供するサービスは、顧客にとっての便益であり、顧客がそのサービスを買うのは自分自身の効用（幸せの程度）が高まるからだと考えられてきた。今でも、この考え方は有力である。

【表3-1　サーバクション・フレームワークと劇場フレームワークの比較】

|  | サーバクション・フレームワーク | 劇場フレームワーク |
|---|---|---|
| サービス提供のための設備や環境 | 目に見えない組織とシステム<br>物的な環境 | 舞台装置<br>舞台裏 |
| 従業員 | 顧客接点の従業員 | 役者 |
| 顧客 | サービス提供を受ける顧客<br>周囲の顧客 | 観客 |
| 提供プロセス | 便益の束 | 上演 |

出所：レイモンド・P・フィスク、ステファン・J・グローブ、ジョビー・ジョン『サービス・マーケティング入門』（小川孔輔・戸谷圭子監訳）法政大学出版局、2005年、42頁、表2-1を一部修正。

> 　一方、劇場フレームワークは、顧客が提供されたサービスがよいかどうか判断するのは、経験に依存すると考える。サービスは便益を獲得するだけでなく、経験している最中に価値が生まれてくるという考え方である。確かにスポーツ観戦などは、現場での興奮や臨場感が心地よい経験をつくりだす。こういうサービスは、従来の考え方では分析しづらい。劇場フレームワークは比較的新しい考え方で、どのサービスの分析でも適応できるわけではないかもしれない。中でも劇場的なサービス、芝居やスポーツ観戦、テーマパークやホテル、レストランなどには特によく適応するかもしれない。サービスの性質によって、フレームワークを上手に使い分けると理解が一層進むだろう。

　もう今となっては、以前のコーヒーの味に引き戻すことはできない。クラークは「スターバックスはチーズフォンデュとは決定的に異なる」と言う。「それはアメリカの新しい習慣なのである」と（テイラー・クラーク『前掲書』15頁）。それだけではない。小さな町の経済発展にも貢献した。1990年代、スターバックスの出店は経済発展の評価となった。いくつもの町がスターバックスに出店を陳情したのである。スターバックスは、われわれの消費スタイルに静かに深く忍び込み、もうそれはあたかもずっとずっと以前からあったかのような存在になってしまったのである。

# 5　おわりに

　この章で考えたのは、経験消費である。サービスは製品と違って、機能や性能を比較考量することができにくい。だからといって、サービス企業の業績に差がないかと言えば、決してそうではない。ということは、提供されるサービスには何らかの差があるのだ。しかし、サービスは製品にはある性能基準（馬力だとか、処理速度だとか、バッテリ持続時間だとか、といった数字で表される比較可能な値）がないことが多いので、それを機能の差として持ち出すことができない。

第3章 サービス経験のマネジメント

そこで、サービスの消費を考える重要なコンセプトが、経験消費である。サービスの対価として、われわれは経験消費の良否を評価しているのだ。よい経験を提供できたならば、そのサービスは顧客満足度を高め、企業の業績は高まる。われわれが対価を払うのは、サービスを消費する時に発見される自分の物語に対してなのである。

さて僕はこの、おわりに、を書き終えたら、研究室に戻るとしよう。秋の空はもう陽が落ちて、街の灯りが輝きだしているけれど、まだ別の仕事が残っているからだ。今度は気つけとして、ドリップコーヒー（確かイタリアンローストだった）を入れていこうか。この章を読んで、コーヒーブレイクをしたくなったなら、執筆者としてはこの上もない名誉である。そうなるとこの本はもはや単なる学習テキストではなく、思索の経験を提供するツールである。

このテキストを持って、スターバックスに行こう。そこでラテとともに経験消費を演じよう。そのときっと、難解さの雲が散り、読解力の湖が満たされ、新しい知識の淵へと至るコーヒーの道が輝くだろう。

## ❓ 考えてみよう

1．難解な本を持ってスターバックスに行ってみよう（できれば外書講読で使う英語のテキストがよい）。普段と何か違いがあっただろうか。その違いは何か考えてみよう。

2．喫茶店とスターバックスに行って、誰がどんなことをしているか、記録して比較してみよう。なぜその違いがあるのか仲間と議論し、考えてみよう。

3．従来のサービス業を経験消費販売に変容させるためには、どんな工夫が必要か考えてみよう。具体的に、業種を設定し、何をどう変えて、どのような事業内容にすればいいか考えてみよう。

## 第1部 サービス経営のマネジメント

### 参考文献

長谷川泰三『日本で最初の喫茶店は「ブラジル移民の父」がはじめた―カフエーパウリスタ物語』文園社、2008年。

B・ジョセフ・パインⅡ、ジェームス・H・ギルモア『(新訳) 経験経済―脱コモディティ化のマーケティング戦略』(岡本慶一・小高尚子訳) ダイヤモンド社、2005年。

ジョン・シモンズ『スターバックスコーヒー』(小林愛訳) ソフトバンクパブリッシング、2004年。

テイラー・クラーク『スターバックス―成功の法則と失敗から得たもの』(高橋則明訳) 二見書房、2009年。

### 次に読んで欲しい本

バーンド・H・シュミット『経験価値マネジメント』(嶋村和恵訳) ダイヤモンド社、2004年。

ジョン・アーリー『場所を消費する』(吉原直樹・武田篤・斎藤綾美・高橋雅也・大沢芳信・松本行真・末良哲訳) 法政大学出版局、2003年。

レイモンド・P・フィスク、ステファン・J・グローブ、ジョビー・ジョン『サービス・マーケティング入門』(小川孔輔・戸谷圭子監訳)法政大学出版局、2005年。

# 第4章

# サービス人材のマネジメント
■ザ・リッツ・カールトン大阪

1. はじめに
2. リッツ・カールトン・ミスティーク
3. ミスティークを生み出す秘密
4. おわりに：人を信頼することで生み出される力

第1部　サービス経営のマネジメント

# 1　はじめに

　一度は泊まってみたいホテルの上位に常にランクされるホテルにザ・リッツ・カールトン大阪がある。開業当初の認知度は2〜3％しかなかったが、今では東京のパークハイアットと競い合う憧れのホテルである。

　憧れのホテルに行ってみよう。JR大阪駅から歩いて7分ほど、大阪西梅田の高層ビル群の中に立つビルの外見は、周辺の建物となんら変わりのないものだ。ホテルの中に入ると広くないロビーに、ヨーロッパ調の雰囲気をもつ家具が並んでいる。海外のホテルによく見られる吹き抜けではなく、開放的な雰囲気があるわけでもない。しかし、内装は飽きがこない落ち着いたものだ。BGMなどは流れていない。そこかしこに活けられている花はすべて生花で、造花と思しきものは見当たらない。照明に目を移すと蛍光灯の灯りはなく、間接照明を中心にした優しい灯りだ。客室に向かうエレベーターがどこにあるの

【写真4-1　ザ・リッツ・カールトン・ホテル大阪外観】

筆者撮影

【写真4-2　玄関とプロムナード】

筆者撮影

かわからない。ショップの間の幅の広くない曲がりくねった通路を歩く。不安になってホテルの従業員に声をかける。飾らない笑顔で、こちらですと自ら案内をしてくれる。ああ、そうか、このホテルはハードもソフトもヒューマンな雰囲気を来訪者に感じさせ、来訪者とのコミュニケーションの機会をつくるようにしているのだとわかる。だからロビーからエレベーターまでの通路も曲がりくねっていて、ホテルでありながら、居住空間のように味のある造りにしてあるのだ。

　「人」を活用しようとしているこのホテルは、働く人（従業員）の品質に対して大きな自信を持っている。その自信はどこからくるのか、そしてそれが「憧れのホテル」を作り上げたものなのかを、これから調べていこう。

## 2　リッツ・カールトン・ミスティーク

### ◆ 感動を呼ぶサービス

　米国メリーランド州に本社のあるザ・リッツ・カールトン・ホテルL.L.C.は、現在米国を中心に70ヶ所（2009年11月現在）に高級ホテルを展開している。大阪には1997年（平成9年）5月に大阪駅に程近い西梅田に開業した。経営主

## 第1部　サービス経営のマネジメント

体は阪神電鉄が100％の株を保有する子会社の㈱阪神ホテルシステムズで、ザ・リッツ・カールトン・ホテル L.L.C. に運営を委託している。

　マスコミがランキングする「あこがれの高級ホテル」などには必ず上位に顔を出すホテルが大阪のザ・リッツ・カールトン・ホテルである。例えば2008年1月5日付けの『NIKKEIプラス1』（日本経済新聞社）の「何でもランキング」では、ザ・リッツ・カールトン・ホテル大阪はパークハイアット東京についで2位であった。このように、今ではあこがれの高級ブランドホテルであるが、開業時のアンケートでは2～3％の認知度しかなかったという。開業1年目の調査でも10％にも達していなかったというホテルが今や日本国内でも「ラグジュアリーホテル」の代名詞となったのは、どのような価値を作り上げたからであろうか。

　ザ・リッツ・カールトン大阪の当初の認知度は高くなかったにもかかわらず、プロモーションの手段が非常に限定的であるのも特徴である。原則的にはメディアバイイング（テレビ、新聞などマスメディアへの広告出稿）はしないで、パブリシティ（プレスリリースや取材による広報）での対応のみとしている。口コミを重視し、一度利用した顧客から驚きを口にしてもらえるようなサービスを心がけている。顧客に感動を与えるサービスはリッツ・カールトン・ミスティーク（神秘的）と呼ばれ、その実例は枚挙に暇がない。

　その1つに以下のようなものがある。あるビジネスマンの顧客が忙しさのため髪が伸びたままであることに気づき、ゲスト・サービス・エイド（GSA-安全管理部門の社内での呼び方）に翌朝の商談前に髪をカットできる美容室がないかと尋ねてきたという。既に夜中であったため、GSAの従業員はどの美容室にも問い合わせができず、またどの美容室も午前10時前にはオープンしないことがわかった。そこで、この従業員は自宅に電話をし、美容室の店長をしている自分の妻に状況を説明した。彼女はこの状況に対応し、翌日、生後4ヶ月の乳児を自分の両親に預け、午前7時前にホテルに到着して顧客のヘアカットを行ったということである。これでその顧客は望みの身だしなみで商談に向かうことができたのである。従業員だけでなく、その家族全員が顧客の要望を満

## 第4章　サービス人材のマネジメント

たすために通常とは違うスケジュールや仕事の流れを汲み取り、協力をしてやり遂げたのである（ジョゼフ・ミケーリ『ゴールド・スタンダード』（月沢李歌子訳）ブックマン社2009年に収録された「日本語特別版　ザ・リッツ・カールトン・大阪　成功の秘密」（マーク・ノイコム－リッツ・カールトン大阪総支配人）から引用）。

　この他にも、鉄板焼のレストランのシェフが顧客の会話からコンタクトレンズの洗浄液を忘れたことを知って買い求めに行き、それを顧客に渡して喜ばれたことや、女性にプロポーズする男性をサポートするために特別の演出をする、などのサプライズを実践している。

　このような感動的なサービスの積み重ねがリッツ・カールトン・ミスティークであり、ミスティークが偶然ではなく必然的に行えることが、このホテルをラグジュアリーホテルとして知名度を高めていったのであろう。また、これらのミスティークの実践は WOW（ワオ）ストーリーと呼ばれており、毎日「コミットメント・トゥ・クオリティ」という資料の中で紹介され、世界各地のリッツ・カールトンの全従業員に配られている。また、配られるだけでなく、ラインナップと呼ばれる毎日の朝礼でその内容について話し合われ、情報が共有化されている。

### ◆ クレド・カード

　そこまでやるのかというサービスを日常的に提供できるようにする秘訣はどこにあるのか、と聞かれるたびに、ザ・リッツ・カールトン・ホテル L.L.C の初代社長ホルスト・シュルツィは「クレド・カードがすべてだ」と答えていたという。クレドとはラテン語の「私は信じる」という意味で、ミサ典礼における聖歌に由来している。クレド・カードはリッツ・カールトンの理念や使命、サービス哲学を凝縮したもの（図4-1参照）で、四つ折りにした名刺サイズのカードを世界中のリッツ・カールトンの全従業員が携帯している。

　優れたサービス提供企業は、成果をしっかりと出し顧客満足度を向上させていくために人材の重要性を認識している。ザ・リッツ・カールトン・ホテルは

【写真4-3　クレド・カード】

筆者撮影

　人材の重要性を認識するがゆえに、自社のモットーを"We Are Ladies and Gentlemen Serving Ladies and Gentlemen"として、その重要性を従業員が常に携帯することを義務付けているクレド・カードに示している。このクレド・カードにはモットー、サービス・バリューズなど「ゴールド・スタンダード」と総称されるホテルの価値観と哲学がまとめられている。

　しかしながら、このクレド・カードがミスティークと呼ばれるサービスにつながるのは、ここに込められた精神を組織に浸透させるための仕組みがしっかりと出来上がっているからに他ならない。ラインナップと呼ばれる毎日の対話式の朝礼で、全世界の従業員がクレド・カードに書かれたテーマについて考える時間をとる。幹部社員が出張で所属以外のリッツ・カールトンに行った場合は、そこのラインナップに出席することが義務付けられている。他の仕事をしている時も、ラインナップが始まれば手を休め、ラインナップに参加し対話と情報共有をすることが求められている。こうした幹部社員も一緒になってクレド・カードの内容を確認する機会を毎日持つことで、その精神が各自の行動に生かされていくようになるのだ。

　また、「従業員への約束」のなかには、従業員を紳士・淑女と呼び、リッ

第4章　サービス人材のマネジメント

【図4-1　クレド・カード】

| サービスの3ステップ | モットー | 従業員への約束 | クレド |
|---|---|---|---|
| 1. あたたかい、心からのごあいさつを。お客様をお名前でお呼びします。<br>2. 一人一人のお客様のニーズを先読みし、おこたえします。<br>3. 感じのよいお見送りを。さようならのごあいさつは心をこめて。お客様のお名前をそえます。 | "We are Ladies and Gentlemen serving Ladies and Gentlemen." | リッツ・カールトンではお客様へお約束したサービスを提供する上で、紳士・淑女こそがもっとも大切な使命なところえます。<br>信頼、誠実、尊敬、高潔、決意を原則とし、私たちは、個人と会社のためになるよう、持てる才能を育成し、最大限に伸ばします。<br>多様性を尊重し、充実した生活を深め、個人のこころざしを実現し、リッツ・カールトン・ミスティークを高める…リッツ・カールトンは、このような職場環境をはぐくみます。 | リッツ・カールトンはお客様への心のこもったおもてなしと快適さを提供することをもっとも大切な使命とこころえます。<br>私たちは、お客様にあたたかな、くつろいだそして洗練された雰囲気を常に楽しんでいただくために最高のパーソナル・サービスと施設を提供することをお約束します。<br>リッツ・カールトンでお客様が経験されるもの、それは、感覚を満たすここちよさ、満ち足りた幸福感そしてお客様が言葉にされない願望やニーズをも先読みしおこたえするサービスの心です。 |

| サービス・バリューズ | | | ミスティーク |
|---|---|---|---|
| 私はリッツ・カールトンの一員であることを誇りに思います。<br>1. 私は、強い人間関係を築き、生涯のリッツ・カールトン・ゲストを獲得します。<br>2. 私は、お客様の願望やニーズには、言葉にされるものも、されないものも、常におこたえします。<br>3. 私には、ユニークな、思い出に残る、パーソナルな経験をお客様にもたらすため、エンパワーメントが与えられています。 | 4. 私は、「成功への要因」を達成し、コミュニティ・フットプリントを実践し、リッツ・カールトン・ミスティークを作るという自分の役割を理解します。<br>5. 私は、お客様のリッツ・カールトンでの経験にイノベーション（革新）をもたらし、よりよいものにする機会を、常に求めます。<br>6. 私は、お客様の問題を自分のものとして受け止め、直ちに解決します。<br>7. 私は、お客様や従業員同士のニーズを満たすよう、チームワークとラテラル・サービスを実践する職場環境を築きます。<br>8. 私には、絶えず学び、成長する機会があります。 | 9. 私は、自分に関係する仕事のプランニングに参画します。<br>10. 私は、自分のプロフェッショナルな身だしなみ、言葉づかい、ふるまいに誇りを持ちます。<br>11. 私は、お客様、職場の仲間、そして会社の機密情報および資産について、プライバシーとセキュリティを守ります。<br>12. 私には、妥協のない清潔さを保ち、安全で事故のない環境を築く責任があります。 | エモーショナルエンゲージメント<br><br>機能的 |

注：「クレド」「モットー」「従業員への約束」「サービスの3ステップ」「サービス・バリューズ」の5つが記載されており、これらを総称して「ゴールド・スタンダード」と呼ぶ。
　なお、この著作権は1992年よりザ・リッツ・カールトン・ホテルL.L.C.に帰属している。

ツ・カールトン・ミスティークを高めることができるように職場環境を育むことをマネジメントサイドが誓約をしている。「サービス・バリューズ」の第3項には従業員にエンパワーメント（権限委譲—従業員が上司の判断を仰ぐことなく、意思決定の裁量権を認められていること）が与えられていることが述べられている。クレド・カードには従業員が守るべき指針だけでなく、こうしたホテルのマネジメントサイドから従業員に対しての約束も示されている。

第1部 サービス経営のマネジメント

# 3 ミスティークを生み出す秘密

## ◆ エンパワーメント（権限委譲）

　クレド・カードの「サービス・バリューズ」の第3項には、「私には、ユニークな、思い出に残る、パーソナルな経験をお客様にもたらすため、エンパワーメントが与えられています。」と書かれている。「紳士・淑女」という高い意識をもったサービス提供者である従業員に、やる気を持って働いてもらう考え方の1つがこのエンパワーメントである。従業員がサービス・エンカウンター（顧客とサービス提供者が出会う場のこと。**コラム1-1参照**）において問題解決のために付与された一定の権限があらかじめ与えられていれば、自らの判断で臨機応変に対応ができるので、自らの能力を最大限発揮することが可能となる。

　リッツ・カールトンでは、
(1)　上司の判断を仰がず、自分の判断で行動できる
(2)　セクションの壁を超えて仕事を手伝う時は、通常業務から離れることができる（ラテラルサービス）
(3)　1日2,000米ドルまでの決裁権をもつ

という3点が認められている。こうした権限が従業員に認められているため、前述のミスティークを作ることができるのだ。そうでなければ、安全管理部門の人間が顧客対応のために自分の妻を美容師として館内に呼び寄せたり、鉄板焼のレストランのシェフが顧客の会話からコンタクトレンズの洗浄液を用意することなどをやろうという気持ちにもなれないだろう。

　マネジメントサイドがこれほどまでの権限を従業員に与えることができるのは、彼らに対する大きな信頼に他ならない。こうした信頼が生まれるのは人材の採用、研修、毎日のラインナップを通じて、リッツ・カールトンに働く従業員はクレドに共感をしているという意識が根底にあるからといえよう。リッ

# 第4章　サービス人材のマネジメント

## Column 4-1

### インターナル・マーケティング

　サービスのマーケティングにおいては、企業から外部顧客に向けて従来から行っている4Pを中心としたエクスターナル・マーケティングだけでは不十分であると指摘されている。サービス企業は顧客のみならず従業員にも目を向ける必要があるということだ。顧客満足を実現し、利益と成長を企業にもたらすためには、まずはサービス提供者である従業員のニーズや満足に焦点をあて、従業員満足度の向上を経営指標の1つと捉えなおすことが必要になる。

　従業員が仕事に愛着を持ち、会社に誇りを持つことによって、顧客により良いサービスが提供できる。満足した顧客はリピーターとして何度もホテルを利用し、満足した顧客にサービスを提供することで従業員はより一層の満足感を享受する。良いサービスは口コミなどを通じ、さらにリピーター客を増やす働きをする。こうしたサービス・エンカウンターにおける双方向的な（インタラクティブ）なやり取りが、結果的に利益と成長を企業にもたらすという連鎖が生まれる。この連鎖は「サービス・プロフィット・チェーン」と呼ばれており、従業員と顧客の満足が企業の利益につながるという考え方である。

【図4-2　サービス産業における3つのマーケティング・タイプ】

```
                    企業
                    /\
                   /  \
    インターナル・  /    \  エクスターナル・
    マーケティング /      \  マーケティング
                 /        \
                /          \
           従業員────────────顧客
               インタラクティブ・
               マーケティング
```

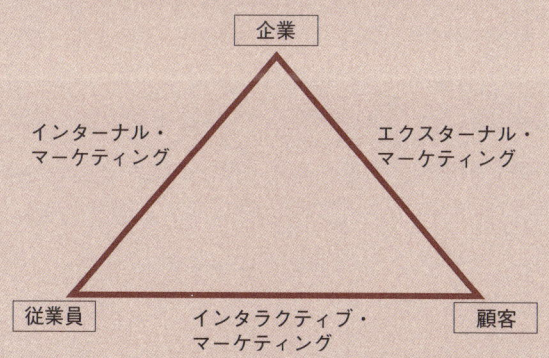

出所：フィリップ・コトラー、ジョン・ボーエン、ジェームス・マーキンズ『コトラーのホスピタリティ&ツーリズム・マーケティング（第3版）』（白井義男監修、平林祥訳）ピアソン・エデュケーション、2003年。

> また、サービス企業に利益をもたらす従業員を「内部の顧客」として捉え、接客担当者だけでなく、彼らを側面で支援する全従業員までも含め、教育や研修を実施しモチベーションが高まるようにすることで顧客満足を実現することをインターナル・マーケティングという。

ツ・カールトンは人材の採用にあたって、ホテルの価値観と哲学である「ゴールド・スタンダード」を実践するために、クレドに共感できる人材のみを、QSP（Quality Selection Process）と呼ばれる面接手法で選んでいる。面接の際は、ホテルが求める資質（フレンドリー、顧客を幸せな気分にできる、周りの人を自然にサポートしようという思いやりなどの素養、素質など）をもっているかが判断基準となる。

　入社後2日間のオリエンテーションや「Day21」呼ばれる入社後3週間目の振り返り研修など、価値観を共有するための研修・訓練が行われ、各部署のトレーナー有資格者によるOJTや毎日のラインナップでゴールド・スタンダードについて理解を重ねていく。このラインナップは役員をはじめ、従業員が出張で他のリッツ・カールトンに行ったときはそのホテルのラインナップに出ることが義務付けられていることからもわかるように、価値観共有のために重要な位置を占めている。

　こうして共通の価値観をもった従業員に対して、1日あたり2,000ドルの決裁権とともに、顧客への思い出に残るパーソナルな体験をもたらすための権限が与えられる。顧客の感動を次には従業員の仕事のエネルギーの源泉となるような良い循環を生み出しており、「Pride & Joy」の考え方が社内の文化へと育っている。常にクレド・カードを携行し、議論し、勉強し、実践している従業員をマネジメントサイドは「腹をくくって信じる」ことができるようになるのだという。

### 従業員満足（ES-Employee Satisfaction）

リッツ・カールトン・ミスティークと呼ばれる質の高いサービスを提供する

従業員は、高い能力と意志を有している。顧客の期待の一歩先をいくサービスをすることを、リッツ・カールトンでは「エクストラ・マイル」と呼んでいる。

「部屋が乾燥していたのか、朝起きたら喉が痛い」という顧客の声が聞こえたときに、ルームサービスの担当者は先輩に相談をすると「はちみつレモンを持って行ってはどうか」とアドバイスをしてくれた。周囲の仲間も準備を手伝ってくれて、それを部屋に届けると「声が出るようになった」というお礼がルームサービス部門に届いたという。顧客自身も気づかぬ要望を探り出すということは、能力だけでなく意志がないとできることではない。

サービスを提供する企業において、企業価値を高め、顧客満足を高めていくためには、こうした従業員の存在は必要欠くべからざるものである。従業員に「エクストラ・マイル」と呼ばれるような積極的な行動を促すためには、従業員自身が仕事への忠誠心と満足がなければできることではない。従業員満足は顧客満足と同様に重要な経営指標だといえるだろう。従業員満足は、給与や昇進などの待遇面だけでなく、職場環境、他の従業員との人間関係、上司からの期待など様々な要因が考えられるが、サービス提供をする従業員は特に、顧客との関係や達成感が重要な要素になっていると考えられる。

リッツ・カールトンでは、「エンプロイー・エンゲージメント」という言葉が使われているという。従業員の満足感以上に従業員のリッツ・カールトンに対する愛着心を育みたいということであろう。従業員はリッツ・カールトンにとってのインターナル・カスタマー（内部顧客）であるという考え方が定着し

【図4-3　顧客満足と従業員満足の相互作用】

顧客満足　　質の高いサービスを通じた成果の達成　　従業員満足

出所：筆者作成

### 第1部 サービス経営のマネジメント

**【図4-4 顧客満足と売上高】**

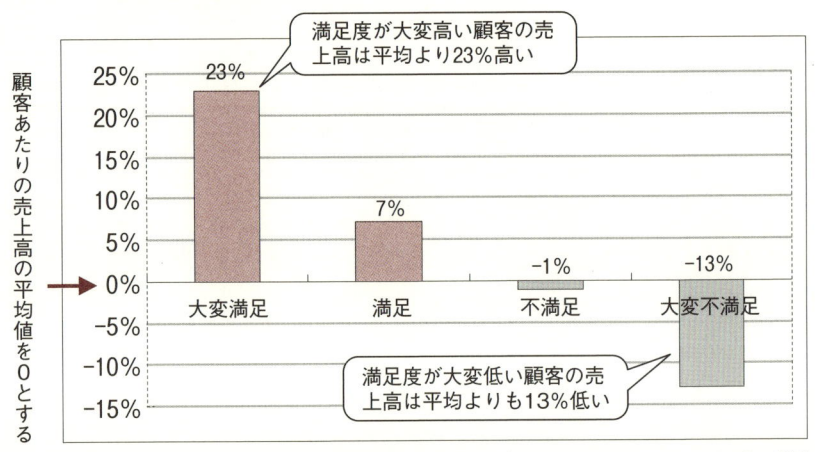

- 大変満足: 23%（満足度が大変高い顧客の売上高は平均より23％高い）
- 満足: 7%
- 不満足: -1%
- 大変不満足: -13%（満足度が大変低い顧客の売上高は平均よりも13％低い）

縦軸：顧客あたりの売上高の平均値を0とする

出所：『週刊ダイヤモンド』2007年3月31日号より引用（リッツ・カールトンにおける顧客満足度調査を基にギャロップ社が分析）

ているのだ。また、前述のエンパワーメントがしっかりと根付いており、職務執行に関わる決定権を幅広く認めていることも顧客との関係強化や仕事の達成感へとつながり、従業員満足を高める効果となっている。従業員の満足度向上は質の高いサービスを保証するものだということが示されているといえよう。

このように、リッツ・カールトンでは従業員満足から生み出されるユニークなサービスによって顧客満足につなげている。一方で、ホテルに投資をしたオーナーの満足（収益性の最大化）というマネジメントの目標も存在する。顧客満足と収益は密接に関係することが図4-4からも見て取れる。従業員を信頼し生み出される力が最終的に収益に結び付くという、サービス企業における人の重要性を確認できる事例である。

### ◆ サービスにおける2つのスキル

リッツ・カールトンのミスティークと呼ばれるほどのサービスは、エンパワーメントに基づく従業員満足があってこそ提供されるものである。しかしながら、提供するサービスには大きく2つのスキルによって支えられている。接

## Column 4-2

### 顧客満足（CS-Customer Satisfaction）

　現代は「モノ余り」の時代といわれている。顧客に選択肢がない時代と違い、有り余るモノやサービスの中から顧客が選ぶことが当たり前になっている。顧客にどれだけ満足させる製品やサービスを提供できるかが、企業の業績を決定するのである。ピーター・ドラッカーは「顧客がお金を支払うのはその製品に対してではなく、満足に対してである」と、企業経営にあたっては顧客満足が利益の源泉であることを指摘している。本章の図4-4は、顧客満足度の差が売上に影響を与えていることを示している。

　一般に顧客満足は、顧客が製品やサービスの購買・使用などの体験を通じて形成される個人の心情的評価としてとらえられている。この心情的評価に関する理論はリチャード・オリバーが提唱している「期待不確認モデル（expectation-disconfirmation model）」がよく利用されている。これは「期待（E）」と「パフォーマンス（P）」を比較し、「E＞P」であれば不満、「E＜P」であれば満足というもので、顧客満足度はこの理論に基づいて測られることが多い。

　品質や経営における顧客満足は、その背景には顧客は不満をもっているということが前提になっている。病院における待ち時間の長さの解消やメーカーのお客様センターの設置などはその事例といえよう。しかし、リッツ・カールトンの事例は顧客満足を不満足の解消ではなく、満足をより高めるととらえる考え方に立っている。これは従来の顧客満足と区別するために、カスタマー・ディライト（CD-Customer Delight）と呼ばれる。これは顧客の期待以上の品質やレベルの製品・サービスを提供することで顧客に「歓びや感動」を与えることを意図している。リッツ・カールトンのような高い質のサービスを提供する企業では、ただ満足をしただけの顧客は、より良いものを見つければそちらに移ってしまうことを知っているため、顧客からの高い期待に見合った高いパフォーマンスを目標としているのである（フィリップ・コトラー、ジョン・ボーエン、ジェームス・マーキンズ『コトラーのホスピタリティ&ツーリズム・マーケティング　第3版』（白井義男監修、平林祥訳）ピアソン・エデュケーション、2003年）。

## 第1部 サービス経営のマネジメント

客担当者が提供するサービスは、技術・情報スキルと対人スキルの2つの基本的なスキルによって構成されている。リッツ・カールトンのミスティークを例にとると、

(1) 清潔で安眠が約束された客室をコーディネートするためのハウスキーパー（客室部門における設備管理、客室の接客サービスを統括するホテル従業員で、通常、客室用リネンやアメニティグッズの管理、ランドリー・サービス、ルーム・サービスなどを主に担当する）は、顧客が枕の下に雑誌を何冊か挟んであるのを見て、顧客は硬い枕が好みだと知り、そば殻の枕と低反発クッションの枕を用意したという（『週刊ダイヤモンド』2007年3月31日号）。顧客の情報を察知し、自らの知見によって顧客の満足度を高める技術・情報スキルは、サービス提供をする従業員の業務の熟練度であり顧客のサービス経験の評価に大きな影響を与える。

(2) 前述の、安全管理部門の人間が顧客対応のために自分の妻を美容師として館内に呼び寄せたというミスティークは、顧客のニーズを掘り起こしていく質問力や困っていることを自分のこととして考える共感力についての示唆を与えている。こうした顧客と従業員の相互プロセスに関する対人スキルは、顧客の目の前で必要とされるスキルであり、顧客に強い印象を与えるものである。

と説明することができる。従業員の持つ2つのスキルは、顧客の満足度を高めるためには共に重要で、2つのスキルがうまく混ざり合ってサービスの質が維持される。いずれかが欠けてもミスティークを作り上げることはできない。

クレド・カードには、従業員が持ち続けて欲しいスキルについての指針も書かれている。「サービス・バリューズ」の第5項には、「私は、お客様のリッツ・カールトンでの経験にイノベーション（革新）をもたらし、よりよいものにする機会を常に求めます」とあり、サービスにおける技術・情報スキルをブラッシュアップしていく必要性について言及している。また、同第6項には、「私はお客様の問題を自分のものとして受け止め、直ちに解決します」とあり、顧客への共感を軸にした対人スキルに対する考え方がわかりやすく記載されて

いる。

## 4 おわりに

　口コミは昨今のブログも含めて双方向のコミュニケーションであり、ときとして強力な影響を消費者に与える。特に旅行サービスのような高額の無形商品においてその傾向が強いと指摘されている。サービスの購入に当たっての態度の変容は、親しい人や信頼できる人からの一言が購入者の背中を押すことになる。しかしながら、これを企業側から操作することは難しく、口コミでのマーケティング・コミュニケーションはサービス企業の大きな課題の1つでもある。

　この章で紹介をしたザ・リッツ・カールトン大阪は、毎日の取組みから実践されていくユニークでパーソナルな経験が、顧客の口コミにより周囲に語られていく。また、こうしたミスティークはWOW（ワオ）ストーリーと呼ばれ、それを取りまとめた資料が毎日世界各地のリッツ・カールトンの全従業員に配られて情報が共有化されている。この情報を参考にしながら、また新たなミスティークが世界各地で毎日作り上げられていくのだ。

　リッツ・カールトンの心に沁みるサービスは、マジックでもなく現場の力だけで生み出されるものでもないことをこの章で紹介した。サービス・エンカウンターに立つ従業員を採用の段階からしっかりと見極め、価値観が共有できるように研修やラインナップなどの制度を構築している。そして彼らが楽しんで仕事に打ち込める環境とモチベーションを維持し、従業員満足を高めるように、ホテルの幹部は求められている。その仕組みの1つがエンパワーメントなのである。

### ❓ 考えてみよう

1. あなたの今までの経験で、心に残るサービスとはどのようなものでしたか。また、そのサービスは、なぜあなたの心に残っているのか考えてみよう。

■第1部 サービス経営のマネジメント

2．エンパワーメント（権限委譲）を組織に導入したところ、どんどんお金が使われてしまうだけの結果になった企業があります。この企業は何が不足していたのか考えてみよう。また、問題解決のための決裁権を委譲することは、本来従業員に何を求めていたのか考えてみよう。

3．あなたはアルバイト先（あるいは勤務先）では、どのような業務についていますか。その業務ではどのようなエンパワーメント（権限委譲）がされていますか。その内容を具体的にあげながら、エンパワーメントによって顧客との関係が改善されたり深まったりしたことがあるか考えてみよう（エンパワーメントがされていない場合は、何をエンパワーメントされると顧客との関係が改善されたり深まったりするか考えてみよう）。

### 参考文献

井上富紀子、リコ・ドゥブランク『リッツ・カールトン20の秘密』オータパブリケーションズ、2007年。

山本昭二『サービス・マーケティング入門』日本経済新聞出版社、2007年。

ジョゼフ・ミケーリ『ゴールド・スタンダード』（月沢李歌子訳）ブックマン社、2009年。

フィリップ・コトラー、ジョン・ボーエン、ジェームス・マーキンズ『コトラーのホスピタリティ＆ツーリズム・マーケティング（第3版）』（白井義男監修、平林祥訳）ピアソン・エデュケーション、2003年。

レイモンド・P・フィスク、ステファン・J・グローブ、ジョビー・ジョン『サービス・マーケティング入門』（小川孔輔・戸谷圭子監訳）法政大学出版局、2005年。

『週刊ダイヤモンド』2007年3月31日号（「リッツ・カールトン　極上のおもてなし」）。

### 次に読んで欲しい本

木村達也『インターナル・マーケティング──内部組織へのマーケティング・アプローチ』中央経済社、2007年。

高野璋介、山田寛『ホテルのサービス・マーケティング』柴田書店、2005年。
ジョゼフ・ミケーリ『ゴールド・スタンダード』（月沢李歌子訳）ブックマン社、2009年。

# 第5章

# サービス品質のマネジメント

■ QB ハウス

1. はじめに
2. カット専門の理容店
3. サービスの工業化
4. 顧客による品質の評価
5. おわりに

# 第1部 サービス経営のマネジメント

## 1 はじめに

　赤、白、青の3色がクルクル回るサインポールを見たことがない人はいないだろう。もちろん、理容店の象徴的な看板である。これは、その昔理容師が外科医を兼ねていた時代の名残だといわれている。赤は動脈を、白は包帯を、そして青は静脈を表している。13世紀半ばごろのフランスでは、理髪外科師の学校が創設されたという記録も残っている。

　そんな歴史のある事業である理容業も、最近はその特徴から発生するさまざまな問題に直面している。そのひとつは、典型的な生業型ビジネスであるということだ。生業型とは、家族を中心にした事業であり、したがって規模が小さく零細である。さらに全国で約13万6,000軒（厚生労働省環境衛生事業報告2008年より）と数が多いこともその大きな特徴のひとつになっている。皆さんも、ひとつの商店街のなかに何軒もの理容店が軒を連ねているのを見たことがあるだろう。

　ではなぜ規模が小さく零細で、さらに数が多いことがそれほど問題になるのだろうか。規模が小さく零細であることで、資金力が弱くなりがちである。このことは、設備の更新や新たな人材確保に障壁となる。さらに、資金力の不足や人材の不足は、事業にイノベーション（革新）が起こりにくいといった結果をもたらす。事業にイノベーションが発生しないと、やがて、古くて時代遅れな事業になってしまう可能性があるということだ。さらに、他の事業との事業間競争に勝てないということも起こってしまうかもしれない。

　そうした問題を解決するには、このような事業を工業化し生産性を上げていくことが重要だ。工業化とは、一般的には分業することによって、あるいは一部分を機械化することによって生産性を向上させることをいう。しかし、髪を切るロボットでも登場しないかぎり、髪を切る作業を機械化することなど考えにくい。つまり、理容サービスを工業化するにはこれまでの作業のやり方を大きく変えてしまうような工夫が必要なのだ。

第 5 章　サービス品質のマネジメント

【図 5 − 1　QB ハウスの期末店舗数と来客数の推移（海外を含む）】

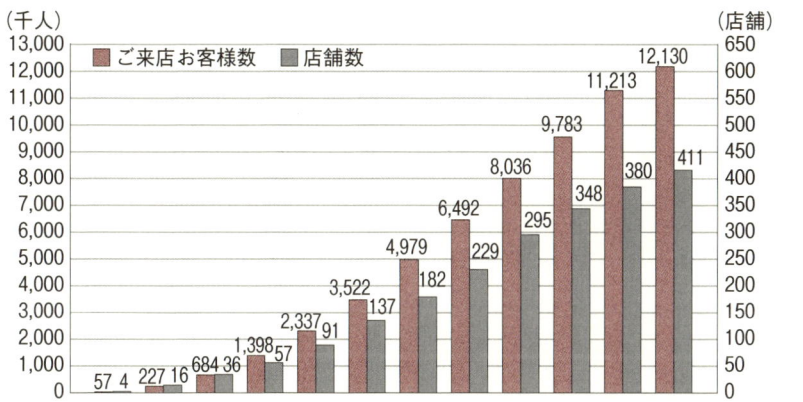

出所：㈱ QB ネット提供資料から抜粋

## 2　カット専門の理容店

　QB ハウス創業者の小西國義は、髪を切りそのあと髭をそり、そして洗髪をするといった総合調髪サービスの理容店に大いに疑問を持っていた。カットだけなら10分で終わるのに、なぜこんなに時間が掛かるのだろう。1995年（平成7年）のことであった。その翌年、彼はカットだけを提供するカット専門理容店を東京・神田にオープンする。

　「QB ハウス」と名付けたその理容店は、サービスの内容をカット（髪を切る）だけに絞り込んだ。店内に洗髪台は置かず、シャンプー、髭そりなどのサービスはしない。カットの際に出る毛くずは洗い流すのではなく、独自に開発した「エアーウォッシャー」で吸い取る。だから、お客さんが座る椅子もリクライニングの必要もない簡素なものだ。リクライニングしないので、店舗の面積も狭くてもよい。

　もちろん、カットだけのサービスなので料金も安い。「カットのみ10分1,000円」これが QB ハウスの唯一のメニューなのだ。お客さんは入店の際、入口に

設置してある券売機で1,000円を出してチケットを買う。10分で終わってしまうので予約は受け付けず、時間つぶしのための雑誌なども置いていない。それでも、忙しいビジネスマンのために、交通信号のような3色のランプを店外に設置し現在の待ち時間を示している。短時間でしかも安く済むため、月に2〜3回来店するヘビーユーザーも少なくない。

### ターゲットはビジネスマン

1号店を東京・神田のビジネス街に出店したように、当初はターゲットをビジネスマンに絞り込んでいた。昼食で外出したついでに10分、あるいは営業マンが外回りのついでに立ち寄って10分。短い時間、そして安い価格で提供されるサービスは瞬く間に彼らの心を捉えた。

1996年（平成8年）の1号店開店から3年後の99年には店舗数は36店舗に、5年後の2001年（平成13年）には91店舗にも増えた。この年、顧客の数は延べ230万人を超える。そして翌年、2002年にはシンガポールに初の海外出店をするまでに至る。ビジネス街に立地した店舗は、より多くの人が集まる場所を求めて、繁華街やショッピングセンターに進出した。2000年には、初めてとなる駅構内（改札内）にも出店。ターゲットとなる顧客も、ビジネスマンだけではなく女性や子供にも拡げていった。

2009年（平成21年）現在、QBハウスの店舗数は海外を含めて439店舗にも及ぶ。売り上げは、約130億円、年間に延べ1,300万人の人々が同店で髪を切っていることになる（同社HPの資料から）。

### 高い生産性

従来、理容技術者の熟練した技術によって提供されてきた総合調髪サービスは、しかし、料金は高く顧客にとって時間が掛かるサービスであった。これまでは顧客もそれを当然のこととして受け入れてきた。カットと洗髪は切り離すことができないサービスであり、髭そりもそして時にはマッサージや耳かきも含まれていると。

しかし、よく考えてみると、顧客にとってそれは必要な、そして満足のできるサービスであったのだろうか。朝、シャンプーを済ませてきた顧客にとってカット後の洗髪は必要なサービスなのだろうか。毎朝洗顔と同時に髭をそる人にとって髭そりは不可欠なサービスと言えるのだろうか。

　QBハウスの場合はどうだろう。カットという理容のコアなサービスだけに絞り込んで特化することで、サービス提供の時間を短縮できるというだけでなく、料金を安くすることができた。なぜなら、10分でサービスを提供できれば1時間で6人の顧客にサービスできる。従来の理容店ならば1時間かけて料金は3,000〜4,000円、これに対してQBハウスでは、1時間当たりの売り上げは6,000円になる計算だ。つまり、料金は安くなっているが、時間当たりの生産性はむしろ向上しているのである。

　このような勇気のある革新は、その結果顧客に対して新しい価値を提供したと言えるだろう。しかし、サービスを提供する側にすれば、単にカット以外のサービスをすべて取り去ってしまえばいいということではない。その結果、顧客からの評価が低くなるようなことがあれば困るからだ。熟練した技術者でなくても、そして長い時間を掛けなくても、顧客が求める必要な品質は間違いなく提供でき、さらに効率化を進めてその結果コストを安くする。そうすることで、安い価格と十分な品質という相反する2つの要求を満たすことができる。そうしたサービスの革新のために必要な仕組みの1つを「サービスの工業化」という。

# 3 サービスの工業化

　サービスの工業化とは、一般にはサービス提供手順を明確にし、その合理化によってそれぞれの提供者（従業員）の行動を均質に保つことを指す。つまり、オペレーションや提供するサービスを標準化し規格化することで、変動するサービス品質をできるだけ少なくすることをいう。マニュアル化によって不慣れなサービス提供者でも、おなじ品質でサービス提供ができるようになるとい

第1部　サービス経営のマネジメント

【写真5-1　店内設備】

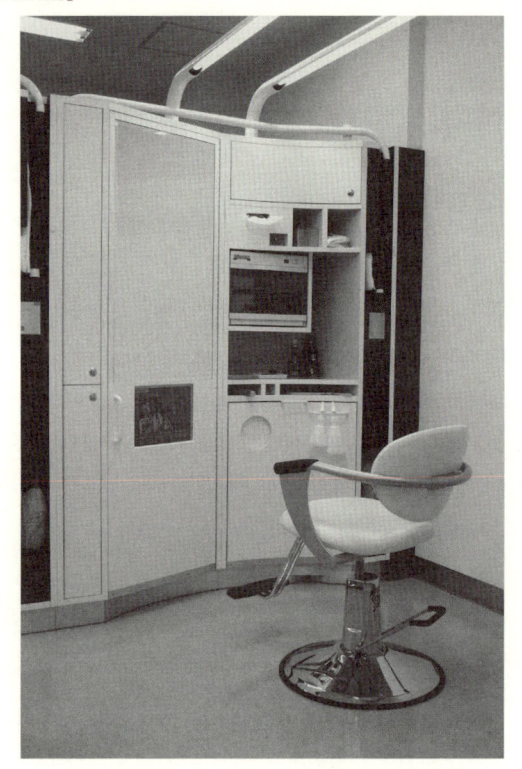

写真提供：㈱QBネット

うわけだ。多くのファスト・フードの店をみればいい。マニュアル化によって、素人同然の従業員が誰でも短い時間の教育で、大きな失敗をすることなく均質のサービスを提供できるようになることがわかるだろう。

　QBハウスにおいては、採用した理容技術者に10分カットの技術を中心に徹底した研修を行う。それが最大の価値をもつ商品であるというだけではなく、顧客に満足してもらうために最低限必要なことだと考えているからだ。

第 5 章 サービス品質のマネジメント

【写真 5-2】 チケット販売機

写真提供：㈱QB ネット

## 品質を維持するための仕組み

　サービスの工業化において重要なのは、単にマニュアルなどを使用してサービス提供者の行動を単純化することのみをいうわけではない。一般的には、そうすることで提供されるサービスの品質は劣ると考えられているからだ。つまり、サービス提供者の行動を単純化・効率化しつつも、その品質を低下させないことが重要なのだ。そしてそれには、行動を規定するマニュアルのほかに、よく考え抜かれた品質維持のための仕組みが必要なのである。
　たとえば QB ハウスでは、顧客は入口の自動券売機でチケットを買うことになるが、これもサービスを提供する技術者が料金支払いや釣り銭の受け渡しに

時間を取られてカットに集中できなくなることを防いでいる。だから店内では両替もしないというほど徹底している。千円札をもたない顧客は、わざわざ近くの商店で両替をしてからチケットを購入することもあるという。そのほか、予約やその他の問い合わせ、あるいは化粧品や器材の売り込みなどで技術者が時間を取られてしまうことを防ぐため、店舗には電話も設置していない。こうすることで、従業員は他の雑用に追われることなく顧客の髪をカットすることだけに集中することができ、その分顧客の期待にこたえることができることになる。

　そればかりではない。ヨットのキャビン、あるいは飛行機のコックピットを思わせる機能的な作業ユニットは、技術者に必要な道具や材料がすべて手を伸ばせば届くところに収納されている。作業の度に何歩も店内を歩き廻ることがないような設計になっている。もちろん、QBハウスのオリジナルだ。しかも収納されている道具の種類や場所は、すべての店で共通になっているので、他の店から応援に駆け付けた技術者も迷うことはない。理容店で椅子に座っているとき、技術者がケープを取りに歩いたり、ハサミや櫛を取りに行くなどで椅子を離れたりすることを経験したことはないだろうか。実は、約1時間にもなるサービス時間のうち、その40％ほどの時間はそうした"アイドル・タイム"だという調査もあるのだ。だから、こうした生産性を上げるための工夫はとくに重要である。

　昔ながらの理容店でひときわ目立っている存在感の大きな椅子は、ここではリクライニングもしないような簡素なものに置き換わっている。これによって技術者も作業がし易いだけでなく、設備コストの低減に大きく寄与している。しかし、必要なところにはしっかりとした投資が行われているのだ。洗髪の代わりにカットした毛くずを吸い取る独自の装置エアーウォッシャーは、起動させる際に顧客の持つチケットのバーコードを読み取り、さらに顧客の性別や年齢などの簡単なプロファイルを入力しなければならない仕組みになっている。これによって来店客の管理や顧客1人当たりのサービス時間を管理するとともに、顧客の個人データはネットを通じて本部に送られ、データの収集と分析に

## Column 5-1

### 工業化とマニュアル

　サービスの工業化とは、提供するサービスの内容やその提供方法を標準化し、それによってサービス商品の品質をできるだけ一定にしようとすることを指す。そして工業化のために必要な要素の1つがサービス・マニュアルである。

　サービス・マニュアルとは、サービスを提供する人の活動（提供のための手順）を詳細に記述し、それによって提供手順が提供者によって異なることを防ぐためのものである。つまり、誰が行っても同じようにサービスが提供されることを目指している。ファスト・フードの店などを想像すればよい。サービス・マニュアルがあるおかげで、誰でも短い時間と簡単な研修で顧客の前に立つことができるようになり、しかも、提供されるサービスに大きな差が生まれにくい。研修に掛ける時間が少ないということは教育コストが少なくて済むので、アルバイトなどを多く必要とするサービス現場では欠かせないものとなっている。それだけではない。電車などの公共交通機関などでよく見かける「指差しと声による確認」や、手術室のような医療現場など、手順の間違いや品質の差が重大な結果に繋がるような場合でもマニュアルの存在は重要である。

　つまり、サービス・マニュアルとは、提供するサービス品質を均質にするだけではなく、提供する人が代わっても品質を維持することや、提供のコストを少なくするためにも使われる。

　では、そんな効果が発揮されるには、どのようなサービス・マニュアルが必要なのであろうか。良いマニュアルの条件は次にあげる4つである。

① 誰でも守れるマニュアルであること
② その結果、確実に良いサービスや確かなサービスが提供できること
③ 顧客のためになること
④ 覚えることで研修期間が短縮される効果があること

　しかし、サービスの現場では顧客の個別な要求にこたえるため、マニュアルだけでは処理できないことが数多く起こる。その際に人が対処できることが重要であり、そうしたことが「人が提供すること」の価値でもある。サービス・マニュアルはこうした人の裁量と相反するものではなく、双方が両立するためのものでもあるのだ。

ひと役買っている。

　サービスを工業化するとは、マニュアルなどによってサービスを提供する者の行動を標準化することである。それによって作業は効率化され生産性が向上すると考えられる。もちろんそれはサービス提供コストの削減につながることは言うまでもない。しかし、そのことでサービスの品質が低下してしまってはならない。では、ここで重要視されるサービスの品質とはどのようなものなのか。次節ではそれについて考えてみよう。

## 4　顧客による品質の評価

　なぜQBハウスが顧客の支持を集めることができたのか。それは、カット10分で1,000円という価格設定がこれまでの理容店に比べて安いというだけの理由ではないだろう。低価格にもかかわらずサービスの品質が金額に比べて低くはなかったということではないだろうか。むしろ、品質は顧客の期待を超えて高かったといえるかもしれない。では顧客は、どのようにしてサービスの品質について期待を持ち、どのように評価するのだろうか。

　顧客はまず、サービスを購入するまえに手に入れることができる情報によって、サービスの品質についての期待を形成する。その情報とはたとえば、提供者の評判、口コミ、立地、店舗の外観、価格、担当者の態度などである。これまでとは違う新しい理容店に行こうとするとき、友人や家族などからその店の評判を聞いておくということはよくあるだろう。あるいは、その店の立地や店舗の外観を見ておしゃれな店だとか、ちょっと古そうだなあと感じるとかがそれである。なかでも、サービスの価格は事前情報としての役割は大きい。価格が高いサービスはそれだけで高い品質を予感させるし、あまりにも価格が安いサービスは「安かろう悪かろう」ではないかとちょっと心配になる。サービスを購入しようとする顧客は、事前にこれらの情報を基にして品質を推測し、それが価格に比べて十分な価値があるかを検討することになる。これが期待の形成である。このような情報以外にも、顧客の過去の経験やそのときのニーズ

が期待の大きさに影響する。

　それでは、サービスを提供する側は顧客の期待形成のためになにを準備すればいいのだろうか。できるだけ良い印象を持ってもらいたいのはもちろんだが、もっとも重要なことは提供するサービスのコンセプトにあった期待を持ってもらうことなのだ。高価で高級なサービスを提供しようと考えている場合には、それなりに高級なサービスであるという期待をもってもらいたい。あるいは、低価格でリーズナブルなサービスを提供しようとする場合には、あまり高級なサービスを期待されても困るのである。そのため、提供側がまず行わなければならないことは、提供するサービスにふさわしい店舗の立地と外装・内装を選ぶことである。QBハウスが清潔でおしゃれだが簡素な内装の店舗であるのは、コストが掛からないといった理由だけではなく、そのことによって顧客がけっして大き過ぎる期待を持たないようにしているからだ。

## サービスの品質評価

　実際のサービスの品質は購入してからでないと評価できない。それがサービスという商品の特徴である。さらに言えば、サービスにおいて品質の評価は主に顧客の役割である。工業製品とは違って提供する側は事前に品質について準備しておくことは難しい。たとえ十分に準備をしたとしても、実際のサービスは現場で生産されるため品質が保たれるとは限らないからだ。工業製品ならば、製品の品質は工場で品質管理部門の手によって一定の水準に保つことができる。最終的に出荷する前に製品を入念にチェックして、不良品は事前に取り除くなどの処置ができるというわけだ。しかし、サービスにおいては顧客に提供される前にサービスの品質をチェックすることはできない。サービスの生産と消費は同時に行われるからである。だから、サービスにおいては、事前の準備が重要になる。つまり、優れた（品質の高い）サービスを提供するために、いかに十分な準備をしておくかが大きな課題となるのである。たとえば、従業員に十分な教育を施して、できるだけ提供されるサービスに格差が生じないようにしておくことなどがそれにあたる。

## Column 5-2

### 知覚品質

　サービスビジネスを考えるときに重要な問題の1つは、顧客がそれを購入しようとするとき、事前にそのサービスの品質を評価することは難しいということだ。その理由は、品質を評価する際の客観的基準がなく、常に主観的にならざるを得ないからだ。つまりサービスにおいて商品品質の評価は顧客の心のなかで起きている、ということだ。

　こうした顧客の心の中で起こっている品質の評価のことを『知覚品質』と呼ぶ。顧客は心のなかで認識した知覚品質に基づいて購入しようとしているサービスを評価し、さらに支払う価格と比較して購入するか否かを判断する。つまり、知覚品質に比して支払う対価が高ければ購入には至らないし、対価に見合う価値があると判断すれば購入に至る。

　では顧客の心の中ではどのようなことが起こっているのだろうか。顧客はサービス商品を購入しようとするとき、まずは2つの商品属性を手掛かりとしてその商品を評価しようとする。「本質的な属性」と「付随的な属性」である（図5-2）。本質的な属性とは、ヘアサロンで言えば、カットの技術や感性など、それ

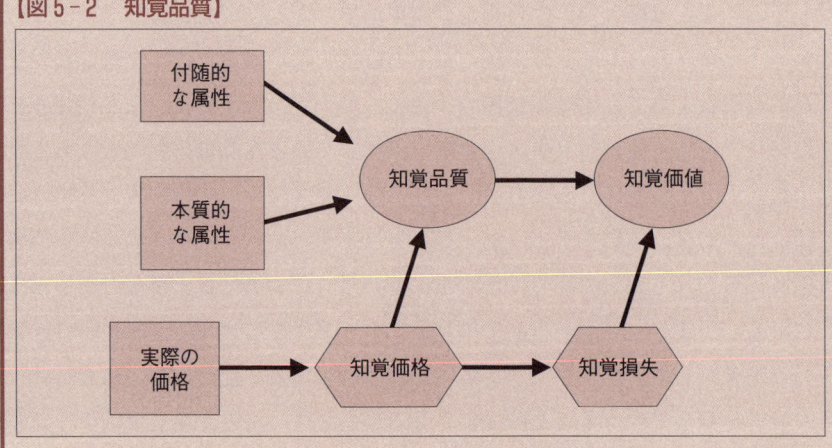

【図5-2　知覚品質】

出所：Zeithaml（1996）を基に筆者作成

第 5 章　サービス品質のマネジメント

　が変わればサービスそのものが変わってしまうようなものだ。さらに付随的な属性とはサロンの内装や設備など、それ自体はサービスの本質に大きな影響を与えないものだ。そうした属性を手掛かりにして、顧客は品質の評価をするのであるが、さらに価格などを手掛かりにすることも多い。なぜなら、価格は品質を強く類推させる。一般的に、高価なものは品質も高いことが多いからだ。このほかにも、サービス商品のブランドやそれを提供する企業名などが手掛かりとなることも多い。
　もちろんこれらは、人によってそれぞれ評価が異なる。サービス商品の評価が主観的であるとはこのことを指す。

　サービスを購入した顧客がその品質を評価するのは、どのような方法で行うのだろうか。恐らく間違いなく評価の対象になると思われるのは、サービスの結果である。髪を切るために理容店に行き、髪が短くなっていなければこのサービスに対して良い評価をすることはないだろう。あるいは、髪型が自分の思った通りになっていなければ、やはり高い評価をすることはできない。しかしそれ以外にも評価の対象は存在する。たとえば、サービスを受けるプロセスも重要な評価の対象となる。レストランで、料理はおいしかったが店員の態度が悪かったのでせっかくのいい気分が台無しだった、などと言う場合がそれだ。それらが組み合わされて「サービスの経験」として認識される。この経験が事前の期待と比較されて、結果として購入してよかったというような評価が生まれるのである。このようなサービス品質の評価を『知覚品質』という。ここで注意しておかなければならないのは、サービスの品質評価と満足感とは異なった概念であるということだ。満足感とは、品質の評価以外にもいくつかの要因が関係して形成されるひとつの感覚である。たとえば、サービスを購入するために利用した他のサービスの結果や、価格や個人的要因などが関係する。それに対して品質評価とは、顧客の主観的な評価ではあるが、なるべく客観的な指標（たとえば、QBハウスについていえば、10分というサービス提供時間は顧客にとって客観的な評価指標となるだろう）で評価しようとする知的なプロセ

スであるということだ。

　私たちがモノを購入したときには、支払った金額とそれによって得たものがどのような対比であったかを考える。しかしサービスを購入した場合には、その結果得たものに加えてサービスの品質評価（知覚品質）が加わるのである。つまり、サービスの対価に加えて購入に要した金額と、それに比較して得たものと品質が十分であったかどうかを考えるのである。その対比の結果を『サービスの顧客価値』という。

## 5　おわりに

　この章では、典型的な生業型ビジネスである理容店の特徴とその問題を手がかりにして、サービスの工業化について考えてきた。髪をハサミで切るという行為は、もっとも生産性が上がっていないといわれてきた。なるほど、そこに新技術が登場したわけでもないし、機械化が進んだわけでもない。しかし、ここに登場したQBハウスでは、それをサービスの工業化という工夫によって、これまで変わらないと思われてきた生産性を向上させることに成功した。しかも、顧客にも満足してもらえる結果にもつながった。それはつまり、単に作業を規格化して効率を上げるだけでなく、提供するサービスの品質を安定させ、それによって顧客に信頼してもらえるという仕組みを考えだしたからに他ならない。

　カットのみ10分1,000円というサービスを規定することによって、従業員は何をすべきかということを明確に理解できるようになる。サービスの品質保証には、従業員の満足度を高め、彼らに大きな権限を与える効果もあるのだ。一方で顧客に対しても、彼らの時間という価値とサービスの品質が最も重要だと考えていることを伝えることもできた。

### ❓ 考えてみよう

1. サービスを工業化すれば、提供者にも顧客にも大きな価値が生まれる。ど

のようなサービスで工業化によって新たな価値が生まれるか。具体的な例を挙げて考えてみよう。

2．理容サービス以外のサービスで工業化を成功させるには、どのような工夫が必要になるだろうか。具体的な例を挙げて考えてみよう。

3．サービスの品質は事前の準備によって大きく異なってくる。どのような準備をすれば高い品質を保つことができるのだろうか。いくつかのサービスで具体的な例を挙げて考えてみよう。

### 参考文献

山本昭二『サービス・マーケティング入門』日経文庫、2007年。
近藤隆雄『サービス・マーケティング』生産性出版、1999年。
飯島伸子『髪の社会史』日本評論社、1986年。

### 次に読んで欲しい本

レイモンド・P・フィスク、ステファン・J・グローブ、ジョビー・ジョン『サービス・マーケティング入門』(小川孔輔・戸谷圭子監訳) 法政大学出版局、2005年

ジェームズ・L・ヘスケット、W・アール・サッサー、レオナード・A・シュレシンジャー『バリュー・プロフィット・チェーン』(山本昭二・小野譲司訳) 日本経済新聞社、2004年。

マーク・D・フォーレ『サロンマネジメント・サービス業の成功心理学』(小林勝・山中祥弘訳) 同友館、2002年。

# 第6章

# おもてなしの
# マネジメント
## ■京都花街の舞妓と芸妓

1．はじめに
2．「おもてなし」産業、京都花街の概要
3．おもてなしの現場「お座敷」
4．「おもてなし」のアウトソース化
5．おわりに

第1部　サービス経営のマネジメント

# 1　はじめに

「舞妓」さんと聞くと、日本髪に花かんざし、だらりの長い帯に華やかな振袖姿を思い浮かべる人が多いのではないだろうか。現在、京都で日本の伝統的「おもてなし」産業に従事する舞妓は約100名、実はその多くが京都以外の出身者で、舞妓になろうと思う前にはこの業界とは何の関係もなかった未経験者である。10代の舞妓志望の少女たちは、TVやインターネットなどで情報を収集し、中学卒業後に京都の花街にやってくる。そして、約1年間の修業生活中に日本舞踊や邦楽などの伝統的な芸事や、接客に必要な立居振る舞いを学び、サービス・プロフェッショナル「舞妓」としてデビューする。舞妓になった彼女たちは、京都を訪れる国内外の顧客にサービスを提供するだけでなく、ときには日本髪のまま海外出張をして、日本舞踊を披露したり、茶道のお手前をしたりと、日本の伝統を広く発信する役割を果たすこともある。

　本章では、日本人なら誰でも知っている舞妓に代表される、京都花街で今も息づく日本的な「おもてなし」をとりあげる。きめ細やかな高付加価値の接客サービスの実態の紹介だけでなく、なぜ現在でもこうしたサービスの提供が可能になっているのか、「おもてなし」の現場がどのように組み立てられているのか、そのマネジメントに着目して考えていく。

# 2　「おもてなし」産業、京都花街の概要

### 五花街

　京都で舞妓が就業している、祇園甲部・宮川町・先斗町・上七軒・祇園東の5つの花街は、総称して五花街と呼ばれ、その産業としての歴史は350年以上前までさかのぼることができる。2010年（平成22年）2月28日現在、五花街には舞妓87人・芸妓196人、そして、彼女たちの働く現場をプロデュースするお

# 第6章 おてもなしのマネジメント

【写真6-1 京都花街の家並み】

筆者撮影

茶屋は151軒ある。

　京都花街での花代（芸舞妓のサービス売上）の総合計は近年増加しており、事業規模が縮小した東京や大阪などの花街と比べると、高付加価値のもてなし産業として競争優位性を有している（西尾久美子『京都花街の経営学』東洋経済新報社、2007年）。また、京都には国内外の観光客が年間5,000万人以上訪れているが、その多くが京都ならではの舞妓を一目でいいから見たいと、彼女たちの生活と仕事の場である五花街の地域をカメラやビデオを手に散策している。

　インターネットを利用すると、手軽に情報検索ができるようになったこともあり、この10年ほどは日本全国から舞妓になりたいという希望者が増えている。実際、舞妓の人数は図6-1からわかるように、ここ十数年横ばいから増加傾向へ転じている。その背景には、舞妓希望者の中学3年生が、夏休みに約1週間まるでインターンシップのような実地体験をしたうえで、舞妓になる修業をするかどうか決めるなど、「おもてなし」伝統文化産業の背後には、現代の事情に応じた人材育成のための工夫も見受けられる。

　舞妓志望者は、1年ほどの修業期間のあと舞妓としてデビューし、数年間就業したあと、20歳前後で芸妓になる。舞妓は日本舞踊の試験に合格することが

第1部 サービス経営のマネジメント

【写真6-2 舞妓の特徴−江戸時代後期の町娘の外出着、可憐さ】

地毛の日本髪
花かんざし
白塗りの化粧
着物（肩上げ・袂の縫上げ）
だらりの帯
ぽっちり（帯留め）
半衿（赤地に刺繍）
帯揚（赤地）
おこぼ（高さ10cmの履物）

筆者撮影

【図6-1　京都五花街の芸舞妓の人数の変化】

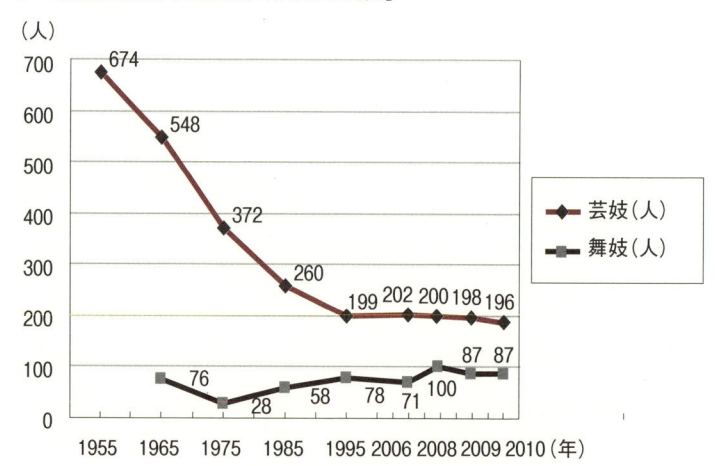

| 年 | 芸妓（人） | 舞妓（人） |
|---|---|---|
| 1955 | 674 | |
| 1965 | 548 | 76 |
| 1975 | 372 | 28 |
| 1985 | 260 | 58 |
| 1995 | 199 | 78 |
| 2006 | 202 | 71 |
| 2008 | 200 | 100 |
| 2009 | 198 | 87 |
| 2010 | 196 | 87 |

出所：京都花街組合連合会調査をもとに筆者作成

第 6 章　おてもなしのマネジメント

【写真 6-3　芸妓の特徴−大人の女性の粋（すい）な風情】

日本髪のかつら
かんざしはシンプル
白塗りの化粧
着物（袂が短い）
帯はお太鼓結び
帯締め
半衿（白）
帯揚げ（白地）

筆者撮影

　デビューの条件だが、芸妓になると、日本舞踊だけでなく邦楽の唄や複数の邦楽器（三味線や笛、鼓など）の演奏ができることが求められる。芸妓になって2年ほど経つと、置屋という彼女たちを育成するプロダクションのような業者から自立して、自分の営業成績に応じた独立採算で、生活をしなければならない。大学卒業程度の年齢で、まさにおもてなしのプロ中のプロを目指すキャリアを選択する、そんな道を彼女たちは京都花街で歩んでいる。

## 舞妓育成の特色

　舞妓は、置屋（京都では屋形（やかた）と呼ばれることが多い）に住み込み、置屋の「お母さん」（京都花街では女性経営者はすべてお母さんと呼ばれる）から基礎教育を受ける。仕込みさんと呼ばれるデビュー前の時期も含めたこの数年間の住み込み期間は「年季」と呼ばれるが、この期間は、生活からお稽古、

学校(芸舞妓は花街にある学校で伝統文化の基礎技能について複数科目を学ぶことが義務付けられている)、高額な衣裳など仕事にかかる経費も含めて、すべては置屋側が負担する。置屋と舞妓の関係は、雇用者・被雇用者の関係ではなく、例えると、プロダクションと所属する芸能人のようなものである。

舞妓になるためには、置屋のお母さんがその希望者を仕込みさんとして受け入れる必要があり、いったん所属した置屋は変更できない。この置屋のお母さんは、新人の生活指導や技能育成など、すべてにわたっての責任者となる。

そして、舞妓としてデビューするためには、現場でこの新人舞妓を指導教育する役割を果たす、お姉さん芸妓が必要である。舞妓としての名前は、このお姉さん芸妓の名前から一文字をとってつけられる。新人舞妓が所属する置屋のメンバーに姉さん芸妓役の適任者がいない場合には、同じ花街の他の置屋からお姉さん役が選ばれ、花街全体で新人を育成する仕組みになっている。このような人材育成の仕組みは、図6-2のようにまとめることができる。

姉になる芸妓にとっては妹を持つことは時間と責任の負担が多いが、金銭的

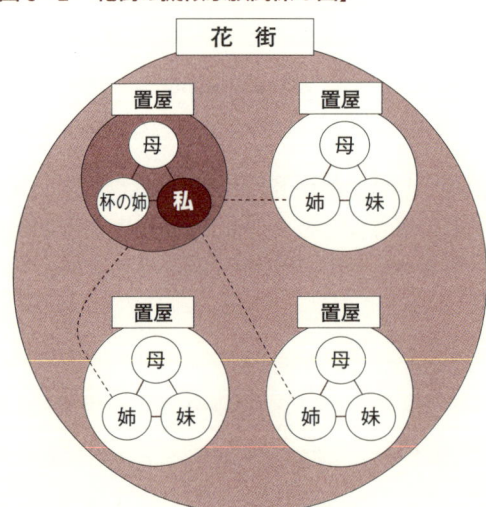

【図6-2 花街の擬似家族関係の図】

新人舞妓となった私にとって、自分より一日でも早く芸舞妓になった人は、全て「お姉さん」。芸舞妓としてデビューする時に杯を交わして擬似姉妹関係を結ぶ「お姉さん」は、最も影響力が強い。この場合の姉芸妓(姉妹縁組のときに杯を交わすので、図中で杯の姉と表示)は同じ置屋所属とは限らない。置屋に姉さんになれる人がいない場合は、他の置屋の先輩芸妓と姉妹関係を結ぶ。また所属する置屋の経営者(お母さん)とは擬似親子関係を結ぶ。

出所:西尾久美子『京都花街の経営学』東洋経済新報社(2007年)をもとに筆者作成

なメリットはなく、将来のライバルを育てる不利益な面すらある。しかし、現場での育成責任者がいないと、置屋での育成だけでは新人の現場での育成には十分に目が届かず、京都花街で十分な技能を持つ芸舞妓が育たないことになる。そこで、育成指導する責任を持つ姉という存在が必要とされ、現在でもこの慣習が守られている。

　こうした新人育成の手厚い仕組みがあるので、京言葉も話せない、着物の着方も知らなかった未経験の10代半ばの少女たちも、舞妓デビュー後ほぼ1年で1,000回（舞妓は1日に3回以上おもてなしの現場に従事することが多い）程度の現場経験をすると、お座敷と呼ばれるおもてなしの現場での顧客への接客サービスについて、後輩のデビュー直後の新人に簡単なアドバイスができるレベルまで、短期間におもてなしのスキルが上っていく。

## 3 おもてなしの現場「お座敷」

### ◆ プロジェクトチーム制

　最近は、修学旅行で舞妓さんの日本舞踊を見たことがあるという人も増えているが、実際のお座敷で芸舞妓からもてなしの提供をうけたという人はあまりいないだろう。そこで、どのようにお座敷というもてなしの現場ができているのかを、図6-3をもとに説明しよう。

　おもてなしの現場「お座敷」では、舞妓や芸妓は、通常チームで仕事をする。顧客の人数や場所や利用の目的、そして予算に応じてこのチームはお茶屋によって編成され、メンバーは毎回異なる。たとえば、舞妓2人で写真撮影会に行くこともあれば、舞妓20人＋芸妓20人といった多人数のチーム編成で、ホテルで行われる数百人のパーティに出張して仕事をするときもある。

　舞妓や芸妓たちは、どこで誰と一緒にどのようなチーム編成で仕事をするのか、また、顧客が誰なのかといった接客のために重要と考えられる情報を、事前に知らないことが多い。しかも、芸舞妓は1日に3～4箇所のお座敷に行く

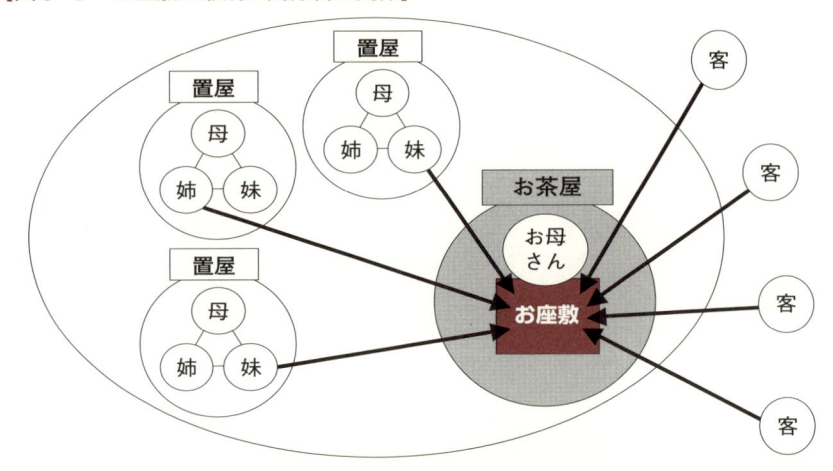

# 第1部 サービス経営のマネジメント

【図6-3 お座敷の形成と関係者の関係】

お茶屋のお母さんは，顧客の来店の目的（接待，息抜き，法事等）と好みを考えて，どの芸妓・舞妓を呼ぶか決める。

出所：西尾久美子『京都花街の経営学』東洋経済新報社（2007年）をもとに筆者作成

ことが多く，そのたびに異なるチームメンバーと協力しておもてなしをすることが求められる。このような方法は，複数の組織や部署に所属し異なる専門技能を持つ人々がある目的を達成するために期間を決めて集められる，プロジェクトチーム制に似ている。芸妓や舞妓は，1日に複数のプロジェクトに参加し，毎回異なるプロジェクトチームの編成でチームメンバーと協力しながら，接客の現場「お座敷」で仕事をしている。

## チームのオペレーション

お座敷の現場での簡単な打ち合わせだけで，おもてなしが芸舞妓のチームによって提供されている。そして，彼女たちの役割分担とやるべき仕事は，明確なルールで決まっている。芸妓や舞妓のプロジェクトチームが接客の現場でうまく能力を発揮し，チームとしてよりよいサービスを発揮できるようにするために，芸舞妓になった経験年数に基づいた基本的なオペレーションがある。

まず，チームリーダーは，プロジェクトチームの中で最も経験年数が長い芸

## 第6章 おてもなしのマネジメント

妓もしくは舞妓がなり、お座敷全体のコントロールを担う責任を持つ。チームメンバーの経験年数に応じて求められる標準作業に即興を織り交ぜながら、技能に応じたエンターテイメントの演目の組み立てやお座敷全体の時間に応じたスムーズな進行、顧客の中の幹事役との微調整の打ち合わせや、各メンバーへのお座敷の現場に関する情報伝達（例えば顧客のニーズの変化）など、リーダーの裁量の範囲は広く、その責任は重い。

チームの中で最も経験の短い新人舞妓の標準作業は、灰皿を取り換える、ビールや日本酒のお銚子の残量が減ったら取りに行くなど、単純な業務を担うことである。新人舞妓が、おもてなしの現場で初めて会う顧客とスムーズに会話をすることは難しい、そこで、このような気をつかわなくてよい作業を主に行うのだ。

中間層のメンバーは、自分より経験年数が少ない後輩の様子に配慮し指導しながら、接客をする。顧客と会話をしながら顧客のニーズを探索し、顧客が要望しなくても求めるものを提供するような気配りが必要である。例えば、顧客のコップに注がれたビールの量があまり減らないのであれば、他のお酒類が欲しいのか、ソフトドリンクが飲みたいのかなど、顧客が自分で要望を口にする前に、さっと顧客ニーズに気づき、それに基づき適切なサービスを提供できることが必要だ。

### ◆ おもてなしの流れ

ここでは、一般的な接待の場面として、ある日のお座敷での現場の様子を紹介する。場所は、お茶屋のお座敷で、接遇する時間は午後6時から8時ごろまでの2時間程度。芸舞妓たちは、午後6時少し前に仕事の依頼をうけたお茶屋に集合し、今回一緒にチームを編成する芸妓や舞妓と顔あわせをする。簡単な打ち合わせのあと、おもてなしの現場のお座敷へ移動し、「おもてなし」を開始する。

まず、おもてなし開始後1時間程度は、飲み物や食べ物の提供、顧客との会話が主なサービス内容である。その後宴会の趣旨やその場の雰囲気に応じて、

「お座付き」と呼ばれる伝統技能を披露する。舞妓は日本舞踊を、芸妓は日本舞踊や邦楽の唄や邦楽器の演奏などの提供演目は、チームメンバーの技能レベルや組み合わせに応じてその場でチームリーダーによって決められる。

その後、お座敷遊びといわれる簡単なゲームを顧客と一緒にしたり、写真撮影をしたり、顧客の希望に応じてエンターテイメントを盛り込み、場を盛り上げ顧客が非日常の「癒し」の時間をすごせるように工夫を重ねる。そして、約2時間後には顧客へお礼を述べたうえで、現場から退出する。

## 座持ち

このように、おもてなしの現場では、一連の流れは決まっているが、顧客のニーズやチームメンバーの編成に応じて、即興で提供するサービス内容が変化する。このような即興プレーが舞妓に要求される「おもてなし」の実情である。このおもてなしの技能は「座持ち」と呼ばれ、舞妓や芸妓が提供する高付加価値のおもてなしには必須のものとされている。

この座持ちを要素に分解し、それがどのように発揮されているかをあらわすと、図6-4のようにまとめることができる。座持ちとは、高付加価値を生み

**【図6-4 「座持ち」とは？】**

- 座持ち＝市場での価値
  顧客の潜在的なニーズを掴み、自分の持つ技能をその場に応じて発露し、求められる最適なサービスを提供する力

- 構成要素

伝統文化
- 芸事（特に舞、三味線）

上品さ
- 立ち居振る舞い

反応のよさ
- 受けこたえ、話術

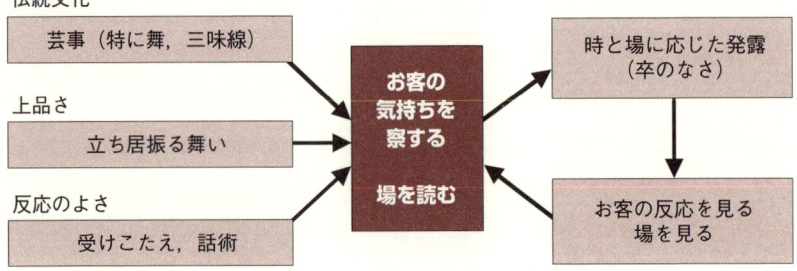

→ お客の気持ちを察する　場を読む
→ 時と場に応じた発露（卒のなさ）
→ お客の反応を見る　場を見る

出所：西尾久美子『京都花街の経営学』東洋経済新報社（2007年）をもとに筆者作成

出すための市場での価値であり、構成要素は、①伝統文化技能、②舞妓や芸妓らしい上品さ、③接客のプロらしい反応のよさ、という3つがある。さらに、それぞれを組み合わせて、チーム全体で最適なサービスを提供できて初めて、「座持ち」がいいと評価され、顧客満足につながるのである。顧客にとってここで時間を過ごしてよかったと感じられる体験を作り出すことが、「おもてなし」にとって、最も必要なことである。

## 4 「おもてなし」のアウトソース化

### ◆ 一見さんお断り

　芸舞妓たちの仕事の現場は、ホテルでの立食パーティでも、日本国内や海外に出張しても、すべて「お座敷」と呼ばれる。芸舞妓のおもてなしを受けたいと思う顧客は、必ずこの「お座敷」利用のための窓口となるお茶屋を経由する必要がある。このお茶屋は、テレビに出ているような超有名人であっても、紹介者がない場合はおもてなしを提供することを断る、そんな慣習のことを「一見さんお断り」と呼ぶ。

　この慣習が継続した理由として、接客の現場であるお座敷がお茶屋の中に限られていたことが多かったため、職住一致の女性ばかりが暮らすお茶屋に、知らない男性顧客が居座ることを避ける、安全上の必要からといわれることが多い。しかし、それだけが、この仕組みのメリットではない。京都花街は高額なおもてなしを提供しており、その内容を理解し納得して対価を支払う顧客を対象とするために、一見さんお断りを続けているのだ。

### ◆ アウトソーシングと組み立て

　お茶屋を窓口に京都花街を利用する顧客は、自分の嗜好に応じた芸妓や舞妓をお座敷に指名することはできるが、芸舞妓と直接的な取引はできない。顧客はお座敷に芸妓や舞妓を呼ぶ場合は、必ずお茶屋を通して依頼をする仕組みに

# 第1部　サービス経営のマネジメント

なっており、このルールを守れない顧客も業者も、業界からは締め出されてしまう。

お茶屋は、おもてなしの現場でサービスを提供する芸妓や舞妓だけでなく、複数の専門業者から顧客のニーズにあわせて料理やしつらえなどのサービスを購入し、それらを組み立てて、「おもてなし」のサービスとして形にし、顧客へ提供している。例えば、お茶屋のお座敷で、顧客がうどんを食べたいと言えば、出前でうどんを取り寄せて提供することもある。お茶屋は、顧客のニーズと要求水準を考慮して、おもてなしに必要なものをすべて社外から調達し、それらを組み立てて「おもてなし」として提供している事業者である。つまり、外部専門事業者の活用によるアウトソーシングを利用し、組み立てすることへの集中特化していることがお茶屋の事業の特色である。この関係を図示すると、図6-5のようにまとめることができる。

お茶屋は、専門事業者との密接な取引関係があるため、在庫を持っていない。

【図6-5　「一見さんお断り」を支えるお茶屋を中心とした取引関係】

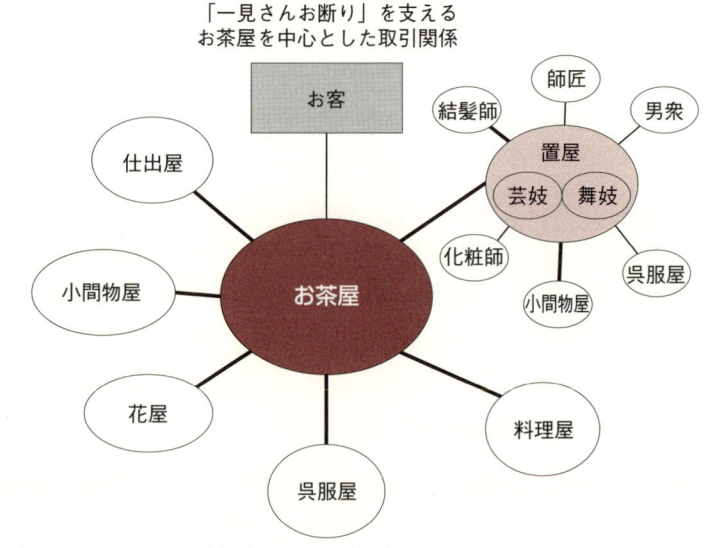

出所：西尾久美子『京都花街の経営学』東洋経済新報社（2007年）をもとに筆者作成

## Column 6-1

### ビジネス・システム

　顧客に商品やサービスをうまく提供するための仕組み、顧客に価値を届けるための「事業の仕組み」が、現代の産業社会では新しく生まれ、その仕組みを作り上げた企業が長期的な競争優位性を獲得している。商品やサービスの背後にあって見えにくいが差別化を生み出す仕組み「ビジネス・システム」（事業システムと言われることもある）は、自社だけでなく、社外の様々な取引相手との間に関係を築くことにより成り立つものである（加護野忠男『競争優位の事業システム』PHP新書、1999年）。

　たとえば、アスクルは、事務用品を午後6時までにインターネットやファックスで注文（午前11時までに注文するとその日のうちに届けてくれる地域もある）すると、翌日に必ず届けてくれる（明日来るから「アスクル」という会社名になっている）。文房具というありきたりの商品の供給スピードを上げることが、顧客の問題解決に役立ち、それがアスクルの収益につながっている。この仕組みを作るためには、受注情報をすばやく処理する情報技術だけでなく、翌日の個別配送を行う社外の運送会社の協力が不可欠だ。

　加護野によると、アスクルの事例のような新しいビジネス・システムを作るためには、社外のさまざまな取引相手との間に、どのような関係を築くかを選択し、⑴誰がどの仕事を分担するのかについての分業構造の設計、⑵人々を真剣に働かせるようにするためのインセンティブ・システムの設計、⑶仕事の整合化のための情報の流れの設計、⑷仕事の整合化のためのモノの流れの設計、⑸仕事の遂行に必要なお金の流れの設計、という5つのポイントについて調整することが必要となる。これらのポイントは相互に結びついており、簡単には調整はできないため、調整の結果生み出されるビジネス・システムは他社からすぐには模倣されず、長期的な競争優位性につながるのである。

　京都花街のおもてなしは、お茶屋を中心とした複数の専門事業者との取引関係から成り立つ「ビジネス・システム」（コラム6-1を参照）によって、提供可能となっているサービスである。

## 第1部 サービス経営のマネジメント

　顧客のニーズに応じて必要なものを顧客の利用ごとに専門事業者から調達し提供するから、お茶屋にはメニューリストも価格表も掲示されておらず、顧客の利用後にその価格を決定して、後日請求する。顧客はお茶屋からの請求が届いて初めて自分の利用額を知り、お茶屋の請求額通りに支払う仕組みになっている。

### 質の管理

　図6-5のように、接客の現場で「おもてなし」の提供の重責を担う舞妓たちも、お茶屋から見ると、おもてなしの構成要素の1つという位置づけになる。したがって、期待したサービス品質を彼女たちが提供できなかったときには、置屋のお母さんや、指導責任者の姉芸妓を通じて改善点が具体的に提示され、品質を上げることが強く求められる。新人時代の1年間は絶え間なくフィードバックを受けるが、この期間を過ぎ中堅になっても舞妓の座持ち技能が上がらない場合には、お座敷には呼ばれなくなってしまうという。

　おもてなしというサービスは、顧客が時間を消費することによって成り立っており、一度過ぎた顧客の時間はクレームがあったからといって、取り替えることが不可能なものであり、取り返しのつかない消費という特色がある。そのため、失敗を許さない質の高いサービス提供が常に求められる。特に、高付加価値の京都花街の「おもてなし」では、繰り返しサービスを利用する特定顧客も、観光客のように舞妓に魅かれて高い利用料金を支払うような顧客も欲求水準が高いため、クレームを発生させない仕組みを作ることは、業界として地位を保つために非常に重要である。これを可能にしているのは、お茶屋がサービス提供に不可欠である芸妓や舞妓、提供する料理などに対して、顧客の要求水準を熟知し、それに応じたサービス内容が提供されているかどうかをチェックできる品質管理の目と、現場でチェックできる仕組みを持っているからだ。

　さらに、舞妓というサービス産業に従事した経験が浅く技能が未熟な人材を含めた提供サービスの質のチェックとその品質向上のためのマネジメントを、お茶屋を中心として業界全体で行うことが、京都花街が長期間サービス産業地

## Column 6-2

### ホスピタリティとおもてなし

わが国でサービスを扱った経営書や専門書でしばしば取り上げられるが、欧米ではほとんど登場しないのが「ホスピタリティ」という言葉である。欧米ではホスピタリティ・インダストリーとは、「飲む、食う、泊まる」を提供する飲食業とホテル業を意味し、ホスピタリティ・マネジメントとはそれらの産業の経営を意味するものとして定着している（近藤隆雄『サービスマネジメント入門　第3版』生産性出版、2007年）。

ホスピタリティの語源はホスピタル（病院）であり、一定レベルのサービスをサービス利用者に提供することがその意味に含まれている。しかし、私たちがホテルやレストランで「ホスピタリティがあふれる」と形容するのは、部屋や料理が欲求した水準以上の品質であることを指すのではなく、従業員のもてなしの態度や姿勢に好感を持つことの表現である。「ホスピタリティ」と「おもてなし」は同義の言葉として用いられることが多いが、実はその意味内容は少し異なる。

具体例をあげて考えてみよう。ハンバーガーチェーン店で小さな子供に熱い飲み物を手渡す店員が、「ありがとう、熱いから気をつけて持ってね」と笑顔で言葉をかけて渡したとする。この店員は「スマイル0（ゼロ）円」と書かれたポスター通りの接遇を実行したことになる。しかし、それだけだろうか。「笑顔」だけなら「ホスピタリティ」のレベルだが、さらに顧客の状況に応じた配慮をしている。これが「おもてなし」だ。

このようにサービスの現場で接客にあたる人たちが、顧客の状況に応じたきめ細やかな心遣いに基づく接遇を実行されると、私たちは心地よい「おもてなし」だと感じる。サービスフロントで働く人たちが、サービスの具体的なコンテンツ（飲食物や、部屋など）を、単に顧客へ提供するだけでなく、応接する顧客に応じて現場で自分なりの工夫をすることが、「おもてなし」には欠かせないのだ。

域として継続する間に練り上げられている。ブランドイメージがあるから、京都花街の高付加価値サービスが今も支持されているのではなく、顧客の期待を裏切らないおもてなしを常に提供する工夫がビジネス・システムとして仕組み

になっていることが、その継続の源泉となっている。

## 5 おわりに

　日本のサービス産業は生産性が低いと一般的に言われることが多い。しかし、京都の花街では、舞妓・芸妓というサービス・プロフェッショナルたちは、2時間の接客時間で3万円程度の花代を受け取る高付加価値のサービスを提供している。これが可能になっているのは、現場で常にフィードバックを与え、スキルの低い新人舞妓を短期間に技能習熟させることができる仕組みがあるからである。また、おもてなし現場のオペレーションはプロジェクトチーム制で、顧客の要望や目的を反映した柔軟な対応が可能になっていると同時に、チームメンバーの役割が経験年数に応じて決められ作業標準があることで、一定レベル以上のサービスが提供しやすくなっている。こうしたことが、この業界の特色を熟知した顧客も、観光客のように1回きりの利用の顧客も、どちらの層の顧客の期待も裏切らない高い顧客満足につながっている。

　お茶屋は外部の専門事業を使って「おもてなし」を組み立てることにより、料理屋や芸舞妓など複数の専門業者にその質を競わせ、よりよいサービスを選択し、顧客のニーズの変化に対応してサービス提供ができる仕組みになっている。つまり、京都花街のおもてなしは、アウトソーシングのメリットを生かしたサービス業であるといえる。

**❓ 考えてみよう**

1．価格表もメニューもない、しかも後払いのサービスを、顧客が利用するメリットを考えてみよう。

2．ファストフード（マクドナルドなど）業界のサービスの特徴と京都花街のおもてなしとを比較し、どこに相違点があるのか考えてみよう。

3．アウトソーシングと組み立て型によってサービス提供がされている、京都花街と似た仕組みで提供されているサービスが他にないか考えてみよう。

### 参考文献

加護野忠男『競争優位の事業システム』PHP新書、1999年。
近藤隆雄『サービス・マネジメント入門　第3版』生産性出版、2007年。
西尾久美子『京都花街の経営学』東洋経済新報社、2007年。

### 次に読んで欲しい本

加護野忠男・井上達彦『事業システム戦略』有斐閣、2004年。
西尾久美子『京都花街の経営学』東洋経済新報社、2007年。
リクルートワークス編集部『おもてなしの源流』英治出版、2007年。

# 第7章

# 顧客ロイヤルティのマネジメント
■北海道日本ハムファイターズ

1．はじめに
2．日本のプロ野球球団経営と北海道日本ハムファイターズ
3．「ファンを育てる」仕組み
4．「簡単には負けないチーム」をつくる仕組み
5．おわりに

第1部　サービス経営のマネジメント

# 1　はじめに

　野球発祥の地、アメリカではメジャーリーグだけでも球団数は31（2009年）にものぼる。そして各球団の名前の前には地域名が付いている。例えばドジャースは、ロサンゼルス・ドジャースである。そのため球団にもファンにも地域の球団である意識が強く存在する。2008年、ボストン・レッドソックスのスター選手であったラミー・ラミレスがドジャースに移籍した。ラミレスの守備はレフト。ドジャース球団は、内野席の外野に一番近いエリア前列部分を、「ラミー・ウッド」（ラミーとハリウッドの造語）としてラミレスを近くで見ることができるシートとして売り出した。外野に最も近い内野席であるこのエリアは通常ならば、観客が埋まり難いシートである。この二席セットで飲み物付きのシートは、人気シートになった。

　スター選手を活用し、不人気シートを魅力的なシートに変えたこの手法は、マーケティング的に興味深い。しかし、ラミレスは永遠にドジャースにいるわけではない。スター選手頼みの観客動員には、常にスター選手の存在が必要となる。スター選手に依存する観客動員は、限られた球団だけが可能な方法である。

　この10年間に最も観客動員数を伸ばした日本のプロ野球球団が、北海道日本ハムファイターズ（以下、ファイターズ）である。1998年（平成10年）のホームゲームの年間観客動員数は157万人。それが2008年（平成20年）には187万人となっている。この球団にはスーパースターと呼ばれる選手は存在しない。チームのファンをつくり、育てることを経営の中心にしている。

　本章では、スター選手に依存しないプロ野球球団のマネジメントについて、ファイターズの仕組みを通じて学ぶことにしよう。

## 2 日本のプロ野球球団経営と北海道日本ハムファイターズ

### 日本のプロ野球球団の経営と収益モデル

　観客動員数パシフィックリーグトップの球団である福岡ソフトバンクホークス（以下、ホークス）。2008年（平成20年）シーズンの福岡ドーム入場者数は、年間約230万人。球団売上（福岡ソフトバンクホークスと福岡ソフトバンクマーケティングの合計）は、202億円。しかし営業損益はマイナス31億円。4期連続の赤字である。ホークスの観客動員数は、12球団中でも4位である。にもかかわらず利益がでない。

　プロ野球球団の収益は一般企業とは次の3点で異なる。第1に、多くの球団企業は1つの企業からの出資によって設立されている。第2に、テレビ放映権

【表7-1　ファイターズホームゲームの観客動員数とリーグ順位推移】

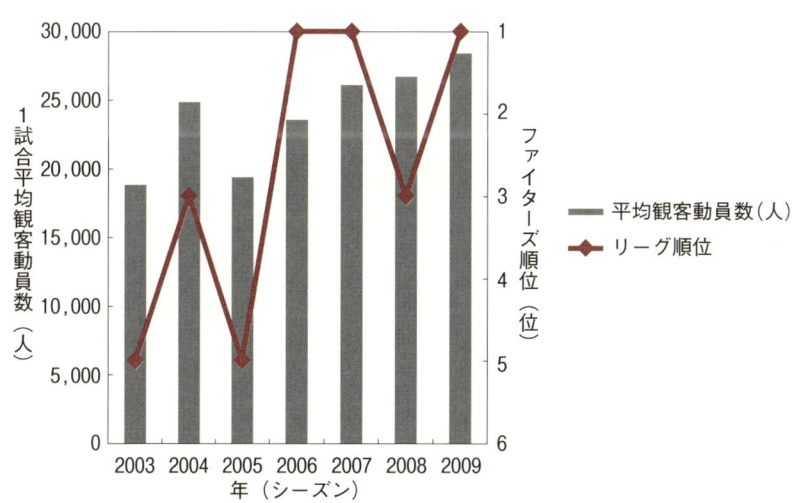

出所：筆者作成

による収入が、多くの比率を占める。第3に、支出の3割以上が人件費によって占められている。第1の特徴は、出資企業の多くが広告媒体として球団を位置づけていることが背景にある。そのため、収益が赤字でも出資企業から資金を補てんしてもらえる状況が長く続く。第2の特徴は、次のことが背景にある。すなわち、視聴率が見込める人気球団を抱えるリーグでは、放映権収入に依存してしまい、そうでないリーグでは、放映権以外の収入を生み出すことが難しい。第3の特徴は、選手の人件費の増減が利益の増減に大きく影響する現象をもたらす。

## ◆ チーム組織とフロント組織

ファイターズの組織は、大きくチーム組織とフロント組織に分かれる。チーム組織は野球チームとして、ゲームを行うことが業務となる。フロント組織は野球チームの編成と、野球チームを活用し収益を生み出す業務を行う。チーム組織には、監督、コーチ、選手、トレーナーが所属する。フロント組織の社員とは雇用形態も給与体系も全く異なる。球団経営では、選手が所属するチーム組織に注目が集まる。そのため、チームにスター選手が所属する、あるいは選手や監督の力だけでチームが勝ち続けると考えてしまう。そしてそれだけで球団経営はうまくいくと考えてしまう。しかし現実はそうではない。ファイターズの場合はむしろフロント組織の仕組みがチーム組織を支えている。それは、「ファンを生み出す」仕組みと「ファンを育てる」仕組みに分けることができる。それぞれについて確認しよう。

## ◆ 「ファンを生み出す」仕組み

ファイターズは、1946年（昭和21年）に設立された「セネタース」を起源にしている。その後、「フライヤーズ」と名称を変え、1974年（昭和49年）に日本ハムがオーナー企業となる。2004年（平成16年）に札幌へ球団を移転する。球団設立以来、首都圏のスタジアムを本拠地としていた。初めて首都圏から離れることになる。しかも首都圏に比べれば人口は10分の1以下の札幌である。

# 第7章　顧客ロイヤルティのマネジメント

【写真7-1　札幌ドーム】

写真提供：株式会社北海道日本ハムファイターズ

　2003年当時、球団として46億円の赤字であった。移転してさらに赤字を拡大することは許されない。そして首都圏より明らかに小さな市場で、球団単体の努力によって利益を生み出すことが必要となった。

　北海道には、これまで一度もプロ野球球団が存在したことがない。まずは、ファンを生み出す活動が必要であった。ファイターズは北海道に移転するにあたり、北海道に在住する人々を顧客とすることを明確にした。北海道の球団となり、北海道のファンと共に発展する球団となることを経営方針とした。

　ファンを生み出すためには、道民と球団との多様な結びつきを構築する必要がある。そのための活動はスタジアム外が中心となる。例えば、球団に北海道の有力企業や公共性の高い企業や組織に、ゼネラルパートナーとして出資してもらう活動もその1つである。そのため球団名も札幌ではなく「北海道」とした。

　地域の自治体にも存在を認めてもらう必要がある。2004年には球団代表者が道内180市町村の90％以上に挨拶に回った。道内各市町村での少年野球教室（キッズサマーキャンプ）の開催は年間100回にも及んだ。当時の監督であったトレイ・ヒルマンも小学校や婦人会の場で講演を行った。このような地域社会に貢献する活動を、業務の1つとして計画的に行っている。

【写真7-2　キッズサマーキャンプ】

写真提供：株式会社北海道日本ハムファイターズ

# 3　「ファンを育てる」仕組み

## 「製品」とマーケティング

　フロント組織を説明する上で、ファイターズの収益モデルを確認しておく。ファイターズは、野球チームをメーカーで言う「製品」と考える。選手を育成し、チームスタイルを決め、チームがペナントレースを戦うことは、全て「製品」である。スタジアム内外での、「製品」の売り方を考え、商品化しながら収益に結びつける活動が、マーケティングである。この場合のマーケティングとは、ファイターズという「製品」と多様な顧客に関係をつくることにある。そしてその関係をもとにチケット販売、グッズ販売などを通じて収益化に結びつける。そして以上の考えに基づきフロント組織がつくられている。このように「製品」とマーケティングの業務を明確に位置づけ、実践しているプロ野球球団は、現時点ではファイターズだけである。

　フロント組織は大きく、管理統括部、事業部、チーム統括部に分かれる。事業部では、チケットの企画・販売、ファイターズグッズの企画・販売、選手の

# 第7章 顧客ロイヤルティのマネジメント

## Column 7-1

### 顧客ロイヤルティ

　企業が提供する製品やサービスに顧客が満足すると、その製品、サービスを再度購入（リピート）する確率が高くなる。顧客にとって他の製品、サービスを採用することによる失敗のリスクや、他の製品、サービスを新たに探索するコストを減らすことができるからである。一方、企業にとってもメリットがある。新たな顧客を開拓するコストよりも、既存顧客を再購入に結びつけるコストの方が低いからである。このように顧客が特定の製品、サービス購入する現象は、それに対する忠誠（ロイヤルティ（loyalty））の高さによるものである。

　ロイヤルティが高い顧客は再購入するばかりではなく、新たな顧客を生み出す役割も果たす。提供された価値に対する満足が高い顧客は、他の顧客に積極的に製品やサービスを勧めるのである。企業に代わって顧客が顧客に製品、サービスを勧める、あるいは企業の姿勢、製品、サービスの考え方を企業の代表として従業員が伝えることを組織的に行う場合がある。これらの顧客や従業員のことを「アンバサダー（ambassador）」（特命大使）あるいは「エバンジェリスト（evangelist）」（伝道者）と呼ぶ。いわば製品、サービスの伝道者である。ディズニーランド、スターバックス、パタゴニアなどの企業は、組織的にロイヤルティの高い顧客を取り込み、協調して自社の製品、サービスへのロイヤルティを高めると共に、顧客の声の取り込みに努めている。

　顧客ロイヤルティのマネジメントは、ファンをつくる、育てるマネジメントである。そのためには、誰のロイヤルティを高めるのか（中核顧客）を設定し、そのために必要なサービス（中核サービス）は何かを明確にする必要がある。その上で全体に一貫した活動を行うことと、顧客の反応に連動しながら、新たなサービスを開発する双方性の活動が必要となる。

商標管理、イベント企画・運営などを行う。そしてチーム統括部が、ファイターズというチームそのものを統括する。

### ◆ チーム統括部

　チーム統括部には、チーム管理グループ、ベースボールオペレーショングループの2つの部門が存在する。

　このベースボールオペレーショングループ（以下、オペレーショングループ）が、他の球団には現在まねのできない仕組みである。どのような戦い方をどのような選手を使って実現し、ファンにとって魅力あるチームとするかの企画を立案する。この企画をもとに選手の獲得・交換、選手の評価をする。そして後で述べるGM（ゼネラル・マネジャー）、監督、コーチなどの選定、招聘を行う。

### ◆ 利益の獲得

　チーム統括部、チーム、GMの三者によってファイターズという「製品」が生み出される。そしてこの製品によって、観客の満足を高める。しかし、ただ単に顧客の満足を高めるだけでなく、ファイターズでは、チームを運用・維持するための予算に厳しい制約を設けている。このことが北海道という限定した地域で、かつ利益を生み出し球団を経営することができることにつながっている。

## 4 「簡単には負けないチーム」をつくる仕組み

### ◆ 「チームのファン」を生み出す仕組み

　来場したファンがもっと不満になること。それはファンであるチームが負けることである。ファイターズでは、来場してくれた観客やテレビ観戦の視聴者に、夢や感動を与えることを、最も重視するサービスと位置づけている。そのためには、勝ち続けるためのチーム編成と、采配が必要になる。一般にチームが勝つためには、選手の能力と、監督のゲーム采配、コーチの努力に依存する

# 第7章 顧客ロイヤルティのマネジメント

と考えられている。確かにシーズンを通しての戦い方は監督の采配や選手の能力に依存する。しかしそれだけで勝てる、勝ち続けるわけではない。一般に監督、コーチは3年などの契約で行う。そのため、監督が変わると、勝てなくなってしまう球団がある。その理由の1つに、契約期間の結果だけを追求するあまり、選手構成が偏ってしまっている場合があげられる。ベテランばかりで若手が育成されていない、あるいは故障者が多いなどである。

そこで、ファイターズでは、「チーム編成・育成」の業務と「ゲーム采配」の業務を区分し、担当と責任を明確にした。編成・育成は、オペレーショングループが担当する。一方、ゲーム采配は、監督、コーチが行う。そしてGMはその2つの橋渡しを行う。

編成・育成とは、優勝争いに常に絡めるチームを描き、どのような戦い方をするチームをつくるかを決定する。そのチームの実現には、どのような選手が必要で、どこから獲得するか、どのような選手として育成するかを決定し実現していく。選手のみならず、監督、コーチの選定もオペレーショングループが行う。

一方、ゲーム采配は、与えられた選手、スタッフでシーズンを通じて、どのような戦い方をするかを決める。そして毎回の試合を戦い、成果をあげる。

【写真7-3　ファイターズのユニフォーム】

写真提供：株式会社北海道日本ハムファイターズ

## 第1部　サービス経営のマネジメント

### GM（ゼネラル・マネジャー）

　GMの役割は、チームとオペレーショングループの橋渡しである。チームはトップアスリートおよび元トップアスリートの集団である。一方、オペレーショングループは、一般社員である。トップアスリート集団とオペレーショングループとの意思疎通をはかり、相互連携を促進する。そして短期だけでなく長期継続的に球団企業が目標とするチームをつくる仕組みが、GM制度である。

　チームとオペレーショングループの目標は同じだが、解決すべき問題は異なる。チームは日々のゲーム局面での判断やプレイの精度を上げることで、勝率を上げ、優勝争いに絡むことが、解決すべき問題となる。一方、オペレーショングループは、何年先も優勝争いに絡むことができるチームが編成できるように、計画的な選手の獲得、育成や、を監督、コーチの人選を行うことが、解決すべき問題となる。チームは、短期間の問題を解決することが求められる。一方、オペレーショングループは、長期の広い領域の問題を解決することが求められる。そして、その中にファンサービス・ファーストの行動を徹底させていく。

　目標は同じでも解決する問題が異なれば、相容れない内容が日々の業務で発生する。経験も能力も異なる組織であれば、解決はより難しくなる場合がある。相互の事情を理解し、相互の信頼を得た人物を、GMとして配置する。それによって相反する組織の問題を解決し易くする。

### 選手を経営資源として評価する仕組み

　しかし組織を分けただけでは、運営がうまくいくわけではない。編成・育成側は現場の実状がわからない。現場はどのような基準で評価されるのかわからない。これでは組織の形はきれいでも運営はうまくいくはずもない。フロントと現場をつなぐ仕組みが必要となる。その仕組みがBOS（Baseball Operation System）と呼ばれるシステムである。BOSは選手を資源としてデータに基づ

第7章　顧客ロイヤルティのマネジメント

> **Column 7-2**
>
> ### サービス・サイクルとコンタクト・ポイント
>
> 　あるサービスは独立して存在している場合は稀で、様々なサービスの連鎖の中に組み込まれている。そのため顧客のサービスに対する評価は、サービス連鎖全体を評価することになる。例えば、あるプロ野球チームのゲームを観戦する場合では、スタジアムにおける進行中のゲーム場面だけでなく、ゲームが開始する前、終了後についても経験の中に含まれている。さらにスタジアムと自宅との移動、チケットの購入、ウェブサイトによる情報収集などの接触機会も存在する。そして、顧客はそれらを全て経験し評価をする。つまりスタジアム内外における、企業に関する多様な接触機会の連鎖によって、サービスが成り立っている。この接触機会を「コンタクト・ポイント」と呼ぶ。コンタクト・ポイントは顧客と企業との「真実の瞬間」（ヤン・カールソン『真実の瞬間』（堤猶二訳）ダイヤモンド社、1990年）である。企業と接触する機会の平均的な時間である15秒を、顧客は評価する。顧客は個々のコンタクト・ポイントの評価を積み上げ、サービスを評価していると考える。顧客の満足度は評価の累積によって決まるのである。
>
> 　コンタクト・ポイントの連鎖を、サービス・サイクルと呼ぶ。サービス・サイクルとはビジネスプロセスを顧客の視点で捉える。サービス・サイクルの水準を向上するには、特定のコンタクト・ポイントの水準だけを引き上げるだけでなく、コンタクト・ポイント全体の質を引き上げることが重要である。つまり、特定のサービスだけの差別化だけではなく、サービス・サイクルの設計と、そのマネジメントによる差別化が可能である。
>
> 　サービス・サイクルは、ビジネスプロセスの全体と、個々の要素であるコンタクト・ポイントを明確にする。そして、各コンタクト・ポイントと、企業の仕組みや担当スタッフの行動を関連づけることによって、組織的な顧客満足を実現できる。

き評価する仕組みである。上限70名の支配下登録個々の選手の位置づけと評価を明確にするばかりでなく、スカウトスタッフが収集した他球団選手、アマチュア選手の評価が一元管理できる。

【図7-2　チーム編成とチーム運営の分業】

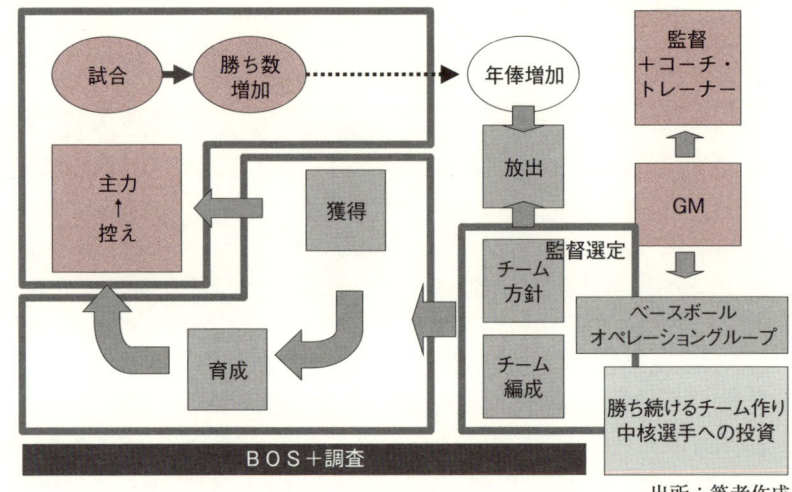

出所：筆者作成

BOSの出力情報は次の5点である。
(1) スカウティング情報
(2) スコアラー情報
(3) 故障者のリハビリ進捗と、医師、トレーナー所見
(4) 査定・契約情報
(5) 現役・引退選手の情報

## 球団経営の難しさ

　球団が単体の企業として利益をあげ続けながら、簡単に負けないチームを編成することは簡単ではない。利益を出すためには、球団の費用の多くを占める選手年俸を売上高に見合った水準に押さえる必要ある。予算の中で契約している選手に資金を配分し、チーム編成を行いながら、優勝争いに絡む戦いをすることが求められる。ファイターズではBOSと連動させ、選手を4つの区分に位置づけている。

　球団経営は、チームが強くなれば優勝し、優勝すれば選手の年俸を上げざる

を得ない。しかし一方でスタジアムの収容人数には定員という限界がある。そのためチームが強くなれば人件費は増加する一方で、収入は頭打ちになるというジレンマを抱える。勝てば勝つほど年俸総額が上昇する理由は大きく２つある。１つは、選手が一定の尺度でかつ一律に評価する仕組みがないため、極端な場合、優勝すれば選手全員の年俸を上げる。もう１つは、翌年に勝つために、主力選手を放出できない。そのため年俸を高くすることでつなぎ止めざるを得ない。勝つほどに、球団側は人件費の高騰に頭を悩ませる。一方、選手側は、年俸が上がりながらも評価基準があいまいなため、正当に評価されていないという不満を抱えてしまう。

## 限られた資金でチームをつくる仕組み

ファイターズではこれらの問題を解決するため、先に説明したBOSを使いながら選手を４つに分類し、選手の評価、育成等に反映している。その分類は次のようになる。「主力」として一軍ゲームで活躍する選手。そして「控え」として一軍のベンチに入りチームとして主力を補う選手。１年だけならこの構成でも戦える。しかしチームは継続的に編成されなければならない。そのために次の主力や控えになる、「育成」選手が必要となる。チーム編成には２つの流れがある。育成から控え、主力という選手育成のサイクルが１つの流れとなる。そしてトレード等を活用し、主力、控えを短期に補強することがもう１つ

【図7-3　選手の４分類とマネジメント】

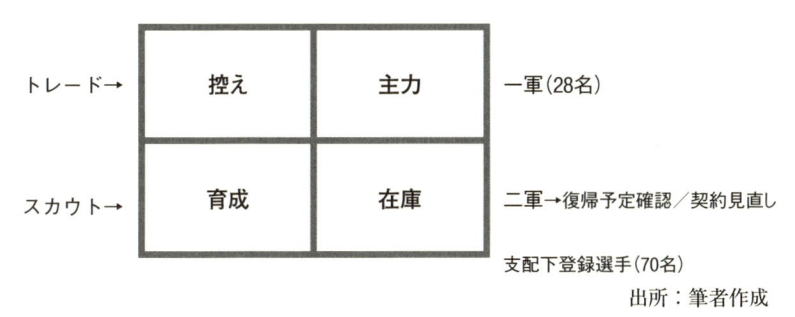

| | | | |
|---|---|---|---|
| トレード→ | 控え | 主力 | 一軍(28名) |
| スカウト→ | 育成 | 在庫 | 二軍→復帰予定確認／契約見直し |

支配下登録選手(70名)

出所：筆者作成

の流れになる。一方で主力の年俸でありながら、一軍で活躍していない選手が発生する。この選手を「在庫」選手と位置づけている。「在庫」選手は、球団の利益に貢献しないばかりか、本来、二軍のゲームに出場させながら育成しなければならない「育成」選手の出場機会を奪うことになる。「在庫」選手は、復帰の見込みがあるかどうかを、二軍監督、トレーナー、医師など情報をもとに判断し、必要となれば年俸の見直しや他の球団への異動対象となる。

　2007年（平成19年）のファイターズの選手年俸総額は約15億円。この額は12球団の中で2番目に低い（『日経情報ストラテジー』2008年7月号）。この年は前年に続きリーグ優勝をしている。しかし前年より選手年俸総額は6億円も減少している。このような選手個々の評価と状況を把握し、その状況に応じて年俸をきめ細かく見直すことによって、限られた費用で利益をあげることができるようになる。

### ◆ 仕組みがチームの戦い方に現れる

　ファイターズの選手を育成しチーム力で勝つ仕組みは、数字に現れている。このことを確認するため、2009年（平成21年）日本シリーズ対戦相手のジャイアンツとチーム成績を比較する。打率、ヒット数は両チームほぼ同じ。一方、本塁打数はジャイアンツが70本も多い。しかし総得点数はファイターズが39点

【表7-1　2009年日本シリーズ対戦チームの各種成績比較】

|  | ファイターズ | ジャイアンツ |
|---|---|---|
| 打率 | 27.8% | 27.5% |
| ヒット数(本) | 1370 | 1375 |
| 本塁打数(本) | 112 | 182 |
| 総得点数(点) | 689 | 650 |
| フォアボール数(数) | 444 | 349 |
| 出塁率 | 34.3% | 32.9% |

出所：日本野球機構オフィシャルサイトをもとに、筆者作成

多い。ホームラン数が少ないにもかかわらず得点が多いのは、チーム編成とそれに基づいた戦い方の違いが要因である。その違いは、フォアボール数と出塁率に現れる。ファイターズでは出塁することが評価として重視され、それが徹底されていると言える。

## 「ファンサービス・ファースト」

ファイターズには企業理念として、「スポーツ・コミュニティ」、経営理念として、「チャレンジ・ウィズ・ドリーム」そして、それらに基づき行動指針が設定されている。それが「ファンサービス・ファースト」である。常にファンの満足のために行動することを社員は求められる。これはチームに所属する選手も同様である。ファンサービス・ファーストを試合で実現するため、「常に全力で戦う」、「最後まで諦めずに戦う」ことをあげ、評価とも結びついている。

全力で戦うことや、最後まで諦めずに戦うことが、何故、ファンサービス・ファーストにつながるのかを説明しておこう。ファイターズのファンの中には、網走から6時間かけて観戦に訪れる場合もある。選手にとっては140試合の中の1試合、その中の1プレイであっても、そのファンにとっては、時間とお金を使って観戦する1試合、1プレイである。それが序盤で大量失点して試合がほぼ決まってしまい、選手が全力でプレイしないとどうなるか。観客の不満は高まるだろう。そのような試合でも選手全員が全力でプレイすることで、そのプレイを観客に見てもらう、あるいは諦めずに戦うことで接戦に持ち込める可能性も出てくる。そうなれば、観客に負けることによる不満を少なくできる可能性も生まれる。

## ファンがファンを生み出す仕組み

ファンを生み出し、ファンを育てる仕組みをつくりあげても、具体的な数字に結びつけなければ、経営にはならない。その問題を解決するためにファイターズでは、さまざまなプロジェクトに取り組んでいる。例えば、2006年（平成18年）に3試合満員プロジェクトをスタート。これは前年まで札幌ドームが

【写真7-4　「ファミリーシリーズ　さくらまつり」】

写真提供：株式会社北海道日本ハムファイターズ

　満席（43,000人）になったことがなかったことから、設定された目標であった。「どんなにがんばっても満席にはならない」というスタッフや選手の意識を変えて、自信をつけてもらうためにはじめた。初年度は、メジャーリーグから戻った、新庄剛志選手によるサプライズ企画を実施した。それはメディアでも取り上げられ、全国に報道された。その様子を見て観客も増加。このプロジェクトは今まで球場に足を運んだことがなかった顧客を生み出すことになる。そして、この年ついに3試合を満席にすることができた。

　その後、このプロジェクトは球団スタッフが自主的にプログラムを企画し、実行に移すというサイクルを生み出す。例えば、球団スタッフが企画した「オヤジナイト」というプログラムは、応募した父親がグランドスタッフとして参

加できる。父親がグランドを整備することを観客席で眺める子供は、グランドと距離が近くなる。また父親がグランドスタッフとして参加することが、来場のきっかけになる。ゲームを観るという場とともに家族全員が楽しめる場にもなる。このようなスタジアムに滞在する時間全体を楽しめるプログラムが、計画的に実施できるようになった。このことが、新規顧客とリピート顧客の両面による観客数の増加という成果に結びついている。

## 5 おわりに

プロ野球チームを保有するだけで観客が集まるものではない。また、チームが勝つためだけのマネジメントは、プロスポーツビジネスのマネジメントとは言えない。球団を企業として経営をするために、いくつかの要点がある。第1に、「製品」であるチームが顧客に提供する内容を明確にすることである。球団企業を消費財メーカーと例えると、チーム編成とチーム運営は「製品」である。その「製品」はファンに満足を与え、支持され続けなければ良い「製品」とは言えない。しかしそれだけで球団経営は成り立たない。第2に球団経営には、チームという「製品」を支持してもらえる、「ファンを生み出す活動」が必要となる。そしてファンを維持し、ファンが次のファンを生み出す「ファンを育てる活動」を、連携して行わなければならない。第3として、「製品」を収益に結びつけるマーケティング活動が必要となる。そして、これらの活動を限られた資金の中で行い、利益をあげることが求められる。

日本のプロスポーツビジネスは、企業が支援する時代から独立して事業を行う時代に移行している。スポーツを通じて地域が発展するために、ファイターズに続く仕組みを創り出す企業が生まれる必要がある。

**? 考えてみよう**

1．日本のプロ野球球団の球団別観客動員数と、観客動員数の順位を調べてみよう。観客動員数、動員数の順位において、あなたが思っていたことと異な

## 第1部 サービス経営のマネジメント

る結果をあげ、その理由を考えてみよう。

2．特定球団のファンになるきっかけとして、何があったかを考えてみよう。設問1のデータと何が関係するか考えてみよう。

3．ファイターズのマネジメントが使える他の分野を考えてみよう。どのようなことが課題があり、どのような効果が期待できるかについても考えてみよう。

### 参考文献

嶋口充輝、内田和成『顧客ロイヤルティの時代』同文舘出版、2004年。
カール・アルブレヒト、ロン・センゲ『サービス・マネジメント』(和田正春訳)ダイヤモンド社、2003年。
DIAMONDハーバードビジネス編集部編訳『顧客サービス戦略』ダイヤモンド社、2000年。
ヤン・カールソン『真実の瞬間—SAS（スカンジナビア航空）のサービス戦略はなぜ成功したか』(堤猶二訳)ダイヤモンド社、1990年。

### 次に読んで欲しい本

嶋口充輝、内田和成『顧客ロイヤルティの時代』同文舘出版、2004年。
原田宗彦、小笠原悦子『スポーツマネジメント』大修館書店、2008年。
マイケル・ルイス『マネーボール』(中山宥訳)ランダムハウス講談社、2006年。

# 第2部

## サービスによる新たな価値創造

# 第8章

# サービスによる価値創造

1. はじめに
2. 製造業とサービス業
3. サービス・ドミナント・ロジックの考え方
4. サービスによる価値創造
5. モノとサービスによる価値の最大化
6. おわりに

■第2部　サービスによる新たな価値創造

# 1 はじめに

　前章までに学んだケースは、サービス産業という括りの中で明確に捉えることができた。たとえば、ウエディングに関わる仕事は結婚式場の予約や料理、引き出物、旅行といった結婚という人生のビッグ・イベントをいかに演出するかという価値の提供をサービスと規定し、その対価を支払うことで成り立つ産業について理解を深めてきた。こうした事例のように、価値を生むことが明確にわかるサービスは理解しやすい。しかしながら、モノを買う時に受けるサービスなどでは、その対価が、サービスとして支払われているかどうか分かりにくいものもある。本章では、明確にサービスと理解できるものではなく、モノを扱う企業が、そのモノに付随するサービスを提供することにより新しい価値を生み出しているケースを考えてみることにする。一般的にサービスは、提供する企業は在庫できない、受けた人の評価が瞬時に決まってしまう、といった無形物であり人的な要素が強いという性質を持つため、実際にサービスを顧客に提供する人材の質の重要性が問われることは容易に想像できる。本章以降（第8章-14章）で扱うのは、こうした人的資源によるサービスだけではなく、製造業がモノとサービスによって、顧客満足をいかに高めているのかといった観点よりサービスを考えるのである。

# 2 製造業とサービス業

　製造業とサービス業とはどのように区別されるのであろうか。図8-1は、日本の製造業と非製造業（サービス業）の営業利益率を地域別に見たものである。製造業は2000年（平成12年）以降、どの地域も営業利益率を伸ばしているが、非製造業は東海地方を除いてほぼ横ばいであり、製造業と比べると低い値である。日本の非製造業の利益率は他国と比べると低い。おそらく、多くの日本人は、サービスはタダという感覚を持っている、つまり、『サービス＝奉

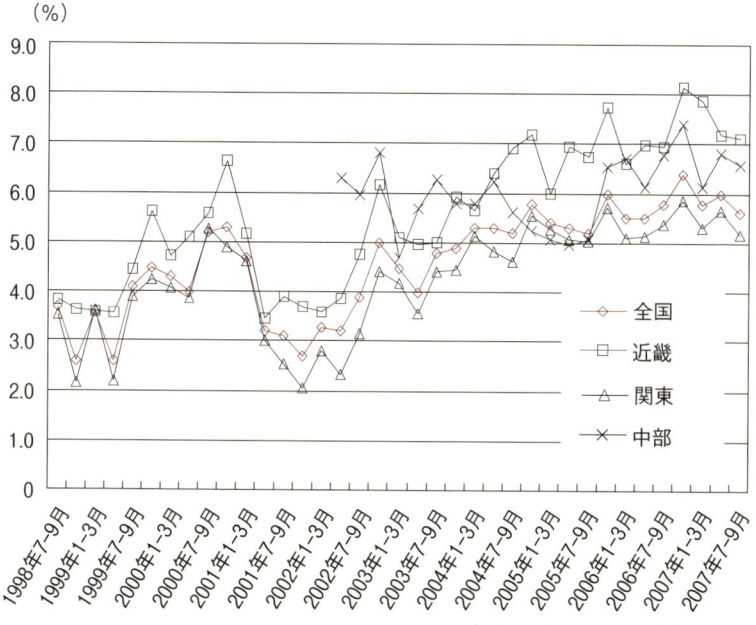

第8章　サービスによる価値創造

【図8-1　製造業の営業利益率の推移】

出所：経済産業省統計資料2007

仕』という概念が日本人には強いためかもしれない。特に、製造業が行うサービスはモノに付随すると考え、買い手はモノの価格にサービスの価値をなかなか上乗せしない文化が存在している。このように、製造業の生産性は、かなり高まっており利益率も上がっているが、その伸び率は頭打ちであり、サービス業の利益率は低いということがわかる。今後、製造業はものづくりだけではなくサービスを組み込んだビジネスモデルで、非製造業はサービスも人が行うものはより生産性を高め、さらには、IT技術などモノによる効率化を行うことにより、利益率をさらに上げる必要があることは理解できるであろう。こうした生産性、効率化の向上のために、サービスの質を高めていく必要があるのは言うまでもない。

　現在、サービス業に従事するのは全労働者人口の約7割を占めている。製造

第2部　サービスによる新たな価値創造

【図8-2　非製造業の営業利益率の推移】

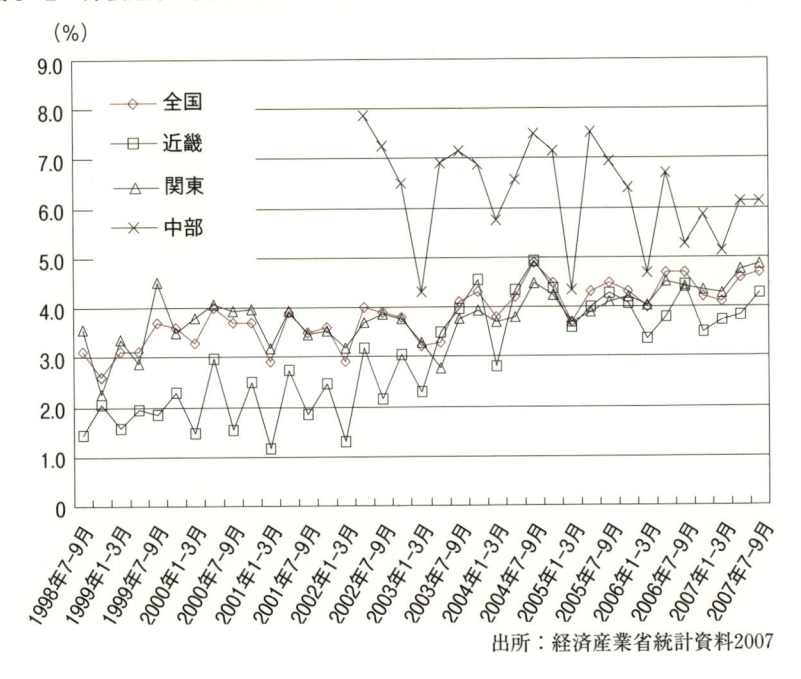

出所：経済産業省統計資料2007

業とサービス業の国の総生産に占める割合の変化を表したペティ・クラークの法則がある。たとえば、アメリカの事例を見ると、経済が成熟するにつれ、製造業からサービス業へと従事者が増加し、その生産量は増加する。サービスによって生み出される価値の比率はさらに高まると予想されるのである。つまり、サービス業は、今後、日本の産業の生産性を高めるために、非常に重要な役目を果たすことは間違いない。

## Column 8-1

### ペティ・クラークの法則

　産業は、どのように分類されるのであろうか。一般的に、第1次産業、第2次産業、第3次産業といった分類を聞くことも多いであろう。こうした分類は、イギリスの経済学者のコーリン・クラークがその著書の『経済進歩の諸条件』(1940)で定義した分類であり、現在も使用されている。その定義によれば、第1次産業には人間が自然から必要な物質を手に入れることのできる農業・林業・水産業・牧畜業が、第2次産業には原料に手を加え加工する業種である製造業・建設業が、そして第3次産業にはどちらにも入らないそれ以外の産業が全て分類される。運送・電気・通信・ガス・水道・流通・小売・金融・公務などの第3次産業の多くはサービス業と呼ばれることが多い。

　こうした各産業がどのように構成されているかは、その国の人口、所得水準、資本量、技術水準などさまざまな要因によって決まるが、第1、2、3次産業がどのような比率で存在しているかを産業構造と呼ぶことがある。一般的に、ある国の経済発展は、GNP，GDPといった国の生産性の高さで表すことができるが、産業構造の変化によっても表すことができる。その一例として、「ペティ・クラークの法則」と呼ばれるものがある。この法則は、17世紀のイギリスの経済学者のウィリアム・ペティの記述を元に、コーリン・クラークが、経済の成長と発展につれて、就業人口が第1次産業→第2次産業→第3次産業と増加していくことを示したため、「ペティ・クラークの法則」と呼ばれるようになった。

　この法則を裏付けるデータとして、アメリカの産業構造がある。1960年に約60％だった第3次産業は2000年には80％にまで増加した。日本はアメリカより約20年遅れて同様の変化をしていることから考えると、2020年には80％がサービス業に従事していることになる。また、中国などの国が2次産業（ものづくり）を担い、日本は、今後、第3次産業（サービス業）が発展すると予想できる。

第2部 サービスによる新たな価値創造

# 3 サービス・ドミナント・ロジックの考え方

## 製造業のサービス

　製造業の利益率は横ばいになり、今後はサービス業の比率を高める必要があることを述べた。そのように考えると、製造業も生産によりモノの価値を高める努力だけではなく、さらに、その製品にサービスを付加することにより、トータル価値を高めることができるのであれば、さらに利益を高めることができるかもしれない。製造業の行うサービスは、モノを売ることによる利益だけではなく、モノの売り上げを伸ばすために付随するサービス、あるいは、モノを販売した後に行うサービスにより、さらにモノの価値を高めることができる場合がある。たとえば、飛行機を作っている企業を考えてみよう。飛行機には高い安全性が要求されるので航空会社はできるだけ新しい飛行機を揃えておきたいが、同時に、飛行機本体の価格が高いため、できるだけ長期間、その飛行機を使用しなければ元がとれないというジレンマがある。そのために、定期的にメンテナンスを行い、常に不具合を早期に発見し、消耗しやすい部品は交換しておきながら長期間、飛行機を使用している。飛行機の耐用年数が20年とすると、その間、良い状態を保つためのメンテナンス費用を総合計すれば、飛行機本体よりも高くつくようになる。つまり、飛行機を製造している企業からすれば、飛行機本体の価格と、その後のメンテナンスの費用を合算した金額でビジネスを成立させるチャンスがある。そのために、飛行機の設計段階で、メンテナンスがし易い設計にしたり、製造段階で、交換頻度の高い部品の在庫を増やしたり、世界中の飛行場にメンテナンスを行う設備を配置するなど準備をしておくことにより、他社よりも良いサービスが可能になり、飛行機本体を販売するよりも大きな利益を得ることができるかもしれない。このような事例は、飛行機だけではなく、自動販売機、工場で用いる多くの製造装置、大型のITシステムなど多くの分野で見られる。

# 第8章　サービスによる価値創造

　製造業は生産（ものづくり）、非製造業はサービスの提供、というようにモノとサービスを、それぞれの企業の利益の源泉として区別する考え方が一般的であろう。しかし、本章では飛行機のビジネスの事例のように、製造業といえどもサービスにより顧客価値を上げることができることを示し、どのようにモノとサービスを組み合わせれば企業収益が最大化されるのか、という発想が必要であることを問いかけたい。生産財ビジネスの場合も同様である。材料や部品を購入する顧客は、試作や提案などはモノを買うのだからタダと考えることが多い。しかし、いろいろな産業を調べてみると、必ずしも、そうではない場合が存在する。

　たとえば、無人パーキングの機械を作っている企業が、駐車場サービスを自ら行うようになったとしたら、この会社の収益はどこから生まれるのであろうか。自動車が決められた駐車スペースに入ったことを探知するセンサー、駐車確認後、車が動けないようにするために昇降する車止め装置、顧客が駐車料金を支払う料金装置や、こうした一連の動きをシステムで制御するためのソフトウエアなどが、企業が開発する製品を構成するモノである。製造業は、開発したモノを売ることによって利益を上げていると理解するのは容易だ。言い換えると、多くの製造業は、モノが売れたときだけが収益を得る機会であるため、次から次へとモノをどんどん売ることだけを考えてしまう。しかし、販売した機械の定期的なメンテナンスを行うことにより、さらに収益を得ている企業が存在することも確かだ。さらに、無人パーキングの機械を製造している企業が、駅前などパーキングの需要のある場所を自ら探し、パーキング・サービス行うことにより儲けることができるかもしれない。このように考えると、企業がビジネスの収益源を、モノかサービスかといった二分法で区別する合理性は乏しい。

## ◆ サービス・ドミナント・ロジック

　製造業がモノを売るためにサービスを行うというモノ中心の考え方は、グッズ・ドミナント・ロジック（Goods Dominant Logic）と呼ばれる。一方で、製

> 第2部 サービスによる新たな価値創造

造業がサービス化を進めることにより、新たな価値やビジネスの機会を創造する考え方をサービス・ドミナント・ロジック（Service Dominant Logic）という。ここで重要なのは、良いモノが必ず売れるといったグッズ・ドミナント・ロジックの考え方だけでは、なかなかモノが売れないし、収益も上がらない時代になっていることを自覚する必要性である。さらに、どちらの考え方が正しいとか、より儲かるのかといった比較を行うことではなく、モノもサービスも一緒に考え、それぞれを組み合わせることにより新たな価値を見出そうと考えることが最も合理的であることを理解する必要がある。

話をパーキングのケースに戻してみよう。今まで、パーキング用の機械だけを扱っていた企業がパーキング業を自ら行うことになった場合、今までのものづくりの考え方となにが変わるのだろうか。たとえば、定期的に機械のメンテナンスをすることにより、どのような部品が壊れやすいのか、あるいは、どのような頻度でメンテナンスが必要なのかといった、パーキング業を経験しなければ分からない情報を獲得できる。一方で、ある駅前では朝はビジネスのために短時間の駐車が多いが、昼間は商店街での買い物のために少し長い時間の駐車が多い、さらに、夕方は空き時間が多いなどといった、顧客情報も獲得できる。こうした情報から、たとえば、メンテナンスをできるだけ駐車場が空いている時間帯で済ませることができるように機械を設計したり、時間帯によって駐車料金が変更できるような設計にするなど、モノの特性をサービスと組み合わせることにより、さまざまなビジネス・チャンスの機会が生まれるのである。つまり、顧客情報を得ることにより新たな価値を生む機会を増やすことが、モノとサービスにより価値を最大化する最も重要な点なのである。

# 4 サービスによる価値創造

## プロダクト・アウトとマーケット・イン

現在でも、製造業の多くはものづくり中心の考え方をしている。その根底に

あるのは、良いモノは必ず売れるというプロダクト・アウトの発想である。モノを中心に考える場合、企業の関心は、その製品の仕様・機能といった技術に置かれる。このような企業では、自社の持つ技術力を高めることに資源を集中しようとする。逆に、製品の色やデザイン、サイズ、性能・機能にいたるまで流通企業や顧客からの意見を取り入れ、売れ筋を探索しようというマーケット・インの発想を取り入れる企業もある。こうしたマーケット・インの発想では、顧客の要望を最大限、達成するため、他社からの技術や部品の採用、生産や設計・デザインのアウトソーシングも積極的に取り入れられることも多い。このように、自社の技術を基点にするか、あるいは、顧客ニーズからかといった違いはあるが、いずれの場合も、モノの良し悪しにより製品の成否が決まるような仕組みであり、グッズ・ドミナント・ロジックに基づく考え方である。このような考え方は、マーケティングの4P（Product：製品、Price：価格、Promotion：プロモーション、Place：流通）を、どのように設定するのかという発想に基づいて意思決定しようというものである。

## リレーションシップ・マーケティング

　プロダクト・アウトやマーケット・インという製品の仕様・性能というモノ中心の考え方ではなく、その製品が使用される場面を想定し、顧客がその製品を使用した時の価値を最大化しようと考えることにより、どのようなサービスを行えば顧客価値が高まるのかを考えるのがサービス・ドミナント・ロジックである。表8-1は、モノ中心の考え方（グッズ・ドミナント・ロジック）とサービス中心の考え方（サービス・ドミナント・ロジック）の違いを比較したものである。

　住宅用の警備保障サービスの担い手であるセコム株式会社（以下、セコム）の事例から表8-1を見てみよう。セコムは、家に泥棒など不審者が侵入するのを未然に防ぎ、万が一の際には警備員が駆けつけてくれるサービスを提供している。一方で、センサーを作っている企業は、セコムのような安全警備保障会社にだけではなく、さまざまな販売チャンネルを通じて、いろいろなルート

【表8-1　モノ中心の考え方とサービス中心の考え方】

| | モノ中心の考え方 | サービス中心の考え方 |
|---|---|---|
| 価値創造の担い手 | 企業（ものづくりを担う企業） | 企業と顧客が共同で行う |
| 取引のやり方 | 取引的（売買関係） | 持続的（購買後も関係を継続） |
| 価値の源泉 | 製品・技術 | 製品・技術と知識・情報 |
| 企業と顧客の関係性 | モノを中心に顧客への一方向 | 企業と顧客の双方向 |
| 価値の意味 | 交換価値 | 使用価値 |

で販売しているため、自分でセンサーを購入し、設置することもできる。いずれの場合も、センサーが売れた段階で、センサー企業には売り上げとともに利益が発生する。顧客はセンサー企業の製品・技術に対価を支払ったことにより、製品より不審者の察知という価値を得たことになる（表8-1のモノ中心の考え方）。しかし、普通は、こうした不審者がどのように侵入するのか、あるいは、不審者を察知したあとどのようにすればよいのか、その対処の仕方がわからない。そこでセコムは、不審者を察知するセンサーを、たとえば、洋風の家、和風の家、引き戸の玄関、ドアの玄関など、さまざまな用途に合わせて、それぞれが正確に作動するよう、センサーの選択や設置までも提案できる。また、有事の際には、全国、どこでもガードマンが瞬時に駆けつけてくれるようなサービス網を構築している。

　顧客から見ると、センサーを店で購入し設置すれば、不審者の侵入の際にセンサーが作動するようになるという結果は同じかもしれないが、その効果は、セコムのような経験豊富なプロが行う設置や製品技術、また有事の対応など歴然とした差が生じる。セコムを通じてセンサーを設置した顧客は、セコムとは契約期間が続く限り継続的に関係が構築され、顧客とセコムの間でその家に合ったセンサーが最も効果的に設置されることになるのである。つまり顧客は、セコムの提案を受け、不審者を察知し、有事に対処するという最適なサービスを享受することができるようになる。このように、結果的には同じセンサーの

## Column 8-2

### リレーションシップ・マーケティング

　企業の多くは、良いものは必ず売れるという信念で製品開発を行っている。確かに、消費者は、製品の購入の際、事前に性能や使い勝手、信頼性、品質などの情報を入手し、良いものを少しでも安く購入しようとする。そのために企業は、技術に磨きをかけ、生産技術を駆使して、高品質な製品を適切な価格で市場化したいと考える。こうした自社の技術を中心にしたやり方はプロダクト・アウトとよばれる。さらに、購買意欲を高めるように、色やサイズ、機能の異なった品揃えをして、時には自社の持たない技術もアウトソーシングしてでも顧客ニーズに合致した製品を提供しようとするのがマーケット・インという考え方である。いずれも、良いものは必ず売れるというマス・マーケティングの思想が貫かれている。その目的は、市場シェアをいかに上げるかという競合企業との相対的な競争となる。

　このように競合企業との製品開発競争を主体に考えるのではなく、顧客満足度の向上を最重要課題として捉え、その企業、製品のファンとなる顧客ロイヤルティを生み出すことで、製品を購入してくれた顧客のリピート率を向上させることが重要という考え方を持つ企業も増えてきた。これがリレーションシップ・マーケティングの考え方である。特に、成熟産業では、宣伝費や価格によって新規顧客を獲得するのは多大なコストがかかるため、既存顧客を大切にし、サービスを徹底し、長期的な関係を維持していくほうがコスト的に有利となる場合が多い。

　リレーションシップ・マーケティングはマス・マーケティングとは異なり、売り切りではなく顧客1人ひとりの情報を把握することを前提にしている。既存顧客の中でロイヤルティが高い優良な顧客に対して、いかにリピート率や再購買時の支払い金額を増やしてもらえるかが重要となる。そのために、製品の良し悪しだけではなく、むしろ、サービスによる満足度が上がるような方策が必要になる場合が多い。

設置であっても、モノ中心の場合とサービス中心の場合では顧客が受けることのできる価値は大きく異なるのである。つまり、言い方を換えると、企業は、モノを販売して儲けるのではなく、顧客との関係性を構築し、積極的に新しい製品やサービスを紹介し、その顧客を囲い込むことにより、継続的に収益を上げるような仕組みが構築されているのである。このように、プロダクト・アウトやマーケット・インといった発想で製品を売ることにより儲けるのではなく、顧客との関係性の構築を主体に儲ける仕組みをリレーションシップ・マーケティングと呼ぶ。モノとサービスによる価値創造は、こうしたリレーションシップ・マーケティングの構築が前提となる。

# 5 モノとサービスによる価値の最大化

## コモディティ化

　ものづくりに力を入れてきた企業がサービスも同時に提供するという考え方を持つようになる事例が増えていることは前章で述べた。たとえば、アメリカのIBM社は、以前はパソコンや大型コンピューターといった製品が売り上げを占めていたが、今では、むしろ、納入したシステムのメンテナンスや、システムの使い方についてコンサルティング業務を提供するなど、サービスによって稼ぐようになってきている。このように製造企業がモノとサービスによる価値に着目するようになった要因は何であろうか。まず、考えられるのが製品のコモディティ化である。コモディティ化というのは、製品の価格が時間とともに著しく下落する現象であり、たとえば、ノートブック・パソコンでは、かつては、20万円以上もしていたものが、今では5万円以下でも同様の性能の製品が手に入るようになっている。新たな価値を生むような製品イノベーションが起こらない限り、コモディティ化は顕著になる。たとえば、絶えず画素数や新たな機能の性能が向上しているデジタル・カメラの場合、パソコンのような価格下落は見られない。一方で、発売後、10年間、全く新たな製品イノベーショ

ンが起こらなかったDVDプレイヤは、価格が10分の1以下になった。しかしながら、製品が成熟化し、時間が経った製品ではイノベーションにも限界がある。このような場合、企業がコモディティ化への対処を考える上で、サービスによる価値を考えるのは、ある意味、必然である。

## 顧客価値の最大化

　モノとサービスによる価値の最大化は具体的にはどのように行われているのであろうか。モノ、もしくは、サービスだけを売るときには、マーケティングの4Pをどのように設計・管理するかがマネジメントの中心的課題と考えられてきた。確かに、4Pの要素は重要であるが、そのマネジメントの根底には、他社との競争の概念がある。つまり、マーケティングの4Pが競合企業よりも優れていれば、たくさんの顧客を取り込むことができるというモノ中心の考え方である。それでは、モノとサービスによる価値の最大化を考えるサービス・ドミナント・ロジックの意図するところはどのようなものであろうか。他社とのモノの優劣による競争によって顧客を取り込むというよりは、むしろ、モノとサービスを合わせて提供することにより顧客価値を最大化しようというのがその根底にある思想である。たとえば、先ほどのセキュリティの事例で言えば、センサーを製造して販売する企業は、マーケティングの4Pを設計した上で店頭に製品を並べる。しかし、どのような顧客が製品を購入し、どのように設置して使用したかについてははっきりとは分からない。一方、セコム社は、警備保障サービスを受けたいという顧客がどのような家に住み、どのような職業でどのような車に乗り、どのような生活をしているのまでも分かった上でセンサーの設置まで行っている。つまり、顧客の顔を見てからモノとサービスの提供を考えているのである。

　また、顧客に対しては、常に新しい製品やサービスの情報を流し、より満足のいく結果が得られるように努力し、長期的な関係を築くことが最大の関心事となる。つまり、製品を売り切るのではなく、顧客とのリレーションシップをいかに強固に築き上げるかが最重要の課題となる。図8-3には、このような

【図8-3 モノとサービスによる価値の最大化】

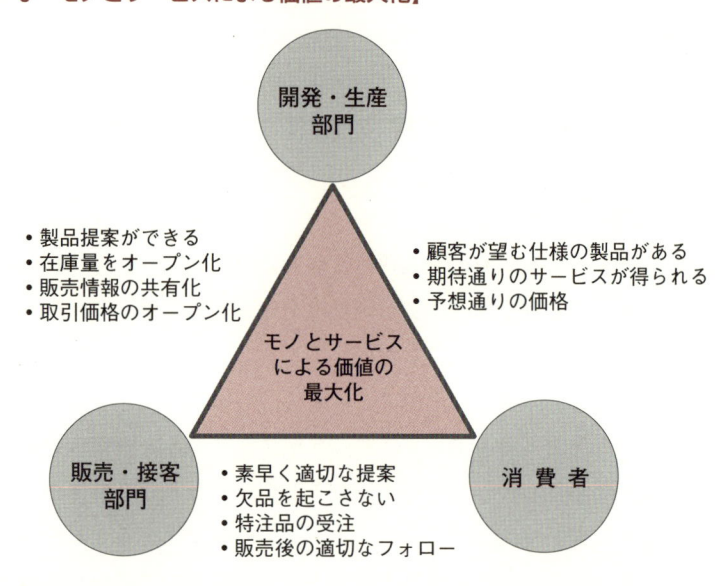

```
                    ┌─────────┐
                    │ 開発・生産 │
                    │   部門    │
                    └─────────┘
                         △
   ・製品提案ができる         ・顧客が望む仕様の製品がある
   ・在庫量をオープン化        ・期待通りのサービスが得られる
   ・販売情報の共有化         ・予想通りの価格
   ・取引価格のオープン化
                   モノとサービス
                   による価値の
                     最大化
   ┌─────────┐                  ┌─────────┐
   │ 販売・接客 │                  │ 消 費 者 │
   │   部門    │    ・素早く適切な提案  └─────────┘
   └─────────┘    ・欠品を起こさない
                   ・特注品の受注
                   ・販売後の適切なフォロー
```

モノとサービスにより顧客価値を最大化するための仕組みを示している。モノの販売は、企業が流通を通して顧客にモノを届けることであり、製品の持つ価値に対して顧客が対価を支払うという価値の交換と考えることができる。一方、モノとサービスにより顧客価値を最大化するためには、企業は販売・顧客部門だけではなく、製品の開発、生産部門が顧客と一体になって、顧客価値を創造する必要がある。たとえば、顧客にはどのような製品や技術が提供可能であり、どのように設置できるのか、あるいは、顧客のメンテナンスの頻度はどの程度必要か、またその費用はどれくらいかなどといった情報を、開発・生産部門、販売・接客部門、そして消費者がそれぞれの情報を提供し、共有化する必要がある。このようにモノとサービスによる価値は、企業と消費者の間で情報が共有化されることにより継続的に消費者が価値を受け続けることが可能であり、こうした価値は、企業と顧客の共創関係によって最大化されるのである。

## 6　おわりに

　本書の第1部ではサービスの基本となる考え方、たとえば、無形性、同時性といったサービスに固有の考え方に基づいた事例について書かれてきた。本章以降の各章では、サービス・ドミナント・ロジックを元に、さまざまな事例が紹介されている。具体的には、サービスそのものによってどのように価値を獲得するのかといった観点だけではなく、モノとサービスを上手く結びつけた事例が集められている。したがって、サービスそのものを考えるのではなく、むしろ、顧客が解決したい問題に対して、企業はいかにモノとサービスを組み合わせて提供しているのかという見方で読み進めてもらえればよいであろう。また、ぜひ、事例を通じて読み取ってもらいたいのは、モノとサービスによる価値はどこから生まれているのかという点である。従来のマーケティングでは4Pに基づいてマーケティングの意思決定が行われることが強調されるが、顧客との接点をいかにマネジメントするのか、また、この接点でいかに価値が生まれているのかといった点に着目して本章以降を読み進めてもらえれば、サービス経営の新たな視点が見えてくるはずである。

### ❓ 考えてみよう

1．モノを製造している企業がサービスも行っている事例を調べてみよう。その場合、モノだけを売る場合と比較してどのような価値が生まれているのかを考えてみよう。

2．顧客にサービスを提供する場合、何故、プロダクト・アウトやマーケット・インの発想では上手くいかないのかを考えてみよう。

3．企業からみて、顧客、1人ひとりに個別のサービスを提供することは、不可能なように思える。どのように対処すれば上手くいくのか考えてみよう。

### 第2部 サービスによる新たな価値創造

**参考文献**

カール・アルブレヒト『逆さまのピラミッド―アメリカ流サービス革命とは何か』（西田英一、鳥居直隆、和田正春訳）日本能率協会、1990年。

セオドア・レビット『マーケティング発想法』（土岐坤訳）ダイヤモンド社、1971年。

**次に読んで欲しい本**

ベッツィ・サンダース『サービスが伝説になる時―「顧客満足」はリーダーシップで決まる』（和田正春訳）ダイヤモンド社、1996年。

ヤン・カールソン『真実の瞬間―SAS（スカンジナビア航空）のサービス戦略はなぜ成功したか』（堤猶二訳）ダイヤモンド社、1990年。

# 第9章

# モバイル技術による価値創造

■ドン・キホーテ

1．はじめに
2．モバイル・マーケティングの導入
3．魅力あるモバイル・マーケティング・サービスへの発展
4．サービスをバックヤードで支える「KIOSK端末」
5．おわりに

◆第2部　サービスによる新たな価値創造

# 1　はじめに

　まず下の写真を見ていただきたい。これはあるディスカウントストアの開店前にできた行列の様子を撮影したものである。これが単に、「ディスカウントストアの開店を待つ行列」というだけなら、それほど珍しいものではないかもしれない。

　ところがこの行列にさらに近づいてみると、列の先頭の人たちは、なにやらコンピュータ端末のようなものを操作していることがわかる（写真9-2）。つまりこの行列は、入店前にこの端末で何かの手続きをするのを待つためのものであった。ほんのちょっとした操作のあと顧客が入手しているのは、その端末からプリントアウトされてくる「値引きクーポン券」だ。並んでまで手に入れ

【写真9-1】

写真提供：株式会社ドン・キホーテ

【写真9-2】

写真提供：株式会社ドン・キホーテ

るこの例のクーポン券は、いったいどのように魅力的なのだろうか。また、こうした仕組みを可能にする「裏方」の役割はどうだったのだろう。

この章では、その仕組みが成立するまでの経緯や試行錯誤、来店客がクーポンを得るまでの仕組みなどを追いかけてみよう。

## 2 モバイル・マーケティングの導入

モバイル・マーケティングとは、携帯電話や携帯情報端末（PDA）などのいわゆるモバイル機器を活用するマーケティングのことをいう。現状では、携帯電話へのアクセスを利用する事例がほとんどといってよいだろう。

## 第2部　サービスによる新たな価値創造

### 圧縮陳列など楽しい買い物を演出するための環境を作るディスカウントストア

　特長ある店舗作りで認知度の高いドン・キホーテは1980年（昭和55年）創業で、日用雑貨品の小売販売からスタートした。現在ではドン・キホーテによるディスカウント事業、長崎屋による総合スーパー事業、ドイトによるDIY事業など幅広く手がけており、北海道から九州、ハワイの海外店舗まで含めると218店舗（09年6月時点）となっている。その中でもドン・キホーテでは「CV＋D＋A」（コンビニエンス＋ディスカウント＋アミューズメント）の経営コンセプトのもと、総合ディスカウントストアとして特色のある店舗展開を行っている。従来からの売りである激安に加え、現在では、生活必需品を激安をしのぐ「驚きの安さ＝驚安」価格で提供する、生活防衛型ディープディスカウントを目指したMEGAドン・キホーテと呼ぶ新業態の展開も推進中である。

### 従来型の会員サービス携帯サイト

　同社では、リピーターすなわち再来店数の増加や収益の向上を目指し、2004

【表9-1　株式会社ドン・キホーテの概要】

| | |
|---|---|
| 名　　称 | 株式会社ドン・キホーテ |
| 設　　立 | 1980年9月5日 |
| 本　　社 | 東京都新宿区西新宿2-6-1 |
| 資 本 金 | 149億77百万円（2008年12月末現在） |
| 従業員数 | 2,564名 |
| URL | http://www.donki.com/index.php<br>http://www.remotion.realit.co.jp/（導入ソリューションサイト） |
| 事業概要 | 日用生活品から高級ブランド品まで、1店舗のみで顧客の全ての購買ニーズを満足させることができる総合ディスカウントストアとしての商品構成の実現、圧縮陳列や販売形態、価格政策などを通して他に類をみないオンリーワン業態として特色を持つ。 |

## Column 9-1

### 見える化

「見える化」は、もとといえば、ものづくりの現場で生まれた概念である。すなわち、製造現場において「問題点を常に『目で見える』ようにする」という考え方であり、「可視化」や「目で見える管理」と言われるものと同じである。見える化は、トヨタ生産方式を支える重要な考え方の1つとされている。製造ラインに何か異常が生じたときに点灯させるのが、有名な「アンドン」であり、どこで何があったのかをライン全体から見えるように知らせる装置として機能する。誰からも見え、瞬時に情報共有ができ、迅速なトラブル対応を促すための仕組みである。これが転じて、ものづくりの現場だけでなく、「顧客の見える化」や、「経営の見える化」「IT活用の見える化」など、ビジネスの様々な場面に転用されている。

この章の事例では、「当時の販促における店舗の課題は、費用対効果の改善と見える化」と出てくる。この場合は、「通常は測定できない改善効果を、測定可能な数値に置き換えること」といった意味に使われていると考えてよいだろう。

年（平成16年）に次世代型のモバイル会員システムの構築に着手した。当時の販促における店舗の課題は、費用対効果の改善と見える化（**コラム9-1参照**）や店舗単位での顧客サービスの向上への対応であった。

小売業での伝統的な販促手段に、折込み広告がある。新聞にはさまれて各家庭に配達されてくるチラシのことで、特に週末など、新聞の厚さを上回るほどの束が折り込まれていたりする。モバイル会員システムの構築以前に販促の中心であったこの折込みチラシでは、集客・収益効果が測定しにくく、お客様の特性や商圏も把握しきれなかった。

この2004年当時、国内のインターネット利用者数の増加率はすでに頭打ちになっていたが、携帯電話からインターネットに接続するユーザーは、未だ増加の一途をたどっていた。成長を続けるモバイルマーケットにおいて、広告ビジネスはさらなる発展が期待できたのである。そこでまず、クラブドンペンモバ

## 第2部　サービスによる新たな価値創造

イルと呼ばれる携帯サイトを立ち上げ、従来型の会員サービスを試みた。

　一般に、従来型の会員サービス携帯サイトの大まかな仕組みはこうだ。まず、会員の携帯電話に、販促企画商品に関するメールが届く。これには商品説明と電子クーポン、または電子クーポンへのアクセス法などが含まれている。会員はこのメールを読み、必要があれば電子クーポンを携帯電話にダウンロードしたうえで、店舗へ赴く。店内では、目標の商品を手にしたあと、レジでその商品と携帯電話内の電子クーポンとが店員によって照合されてはじめて販促値引きが現実のものとなる。一見して、経済的で合理的にも思えるこのシステムであっても、利用者が伸び悩んだ上に、現場の販促に対する意識が高まらず期待された相乗効果が得られなかったという。ただこれは何も同社の例に限らず、たとえばとてつもない会員数を誇るファスト・フード・チェーンでの例などを除いて、会員サービス携帯サイトは概して成功していない、と言う声もある。

　このような、会員サービス携帯サイトが活性化しない要因に対しドン・キホーテが試行錯誤を繰り返した結果、現場店舗に本当にマッチングしたサービスがなかったことに行き当たる。そうして、特別値引きクーポンといわれる実券が、幅広い世代にお得感や安心感を訴えることに気付くこととなったのである。

### ◆ 分析と改善策

　ドン・キホーテの場合の要因を分析すると、ターゲット層の設定が不適当であったことや、折込みチラシをモバイル（携帯）に置き換えただけというモデルそのものに問題があったのではないかということが、まず浮かび上がってきた。

　第1に、ターゲット層としては、「ケータイすなわち女子高校生の必需品」という当時の認識から、女子高生を主要ターゲットにすることにためらいはなかった。ところが実地検証（後述）やその後のマーケティングでわかってきたことは、女子高生よりも、商品さえうまく絞って行けば30代〜50代主婦層を中心とした女性こそが、メインターゲットにふさわしいのかもしれないというこ

とである。これは、折り込みチラシなどと違って、きめ細かくタイミングをコントロールできるモバイル・マーケティング対応の商品としては、ファッション的感度が高いアクセサリ類よりも、実は食品などを含む生活必需品などこそが望まれているのかもしれないという事実の発見でもあった。

　もうひとつのターゲット層に関する問題は、販促メールがシニア層には丹念に読んでもらえないというものであった。これも「ケータイに長く触れていたい」という女子高生と、「小さな画面の細かな文字を長時間追うのはつらい」という熟年層との世代間の相違をあらわすものであった。この対応策として考案されたのが「メールのワンフレーズ化」である。たとえば、「何月何日、○×△が100円引き、限定数50品」といった具合だ。幸いこのワンフレーズ化は、世代を超えて、幅広い層に支持されるものともなった。さらにこれもまた、モバイル・マーケティング対応の商品としては、くどくどとした説明が必要な商品から、お買い得情報がワンフレーズで伝わる品へのシフトを促した。

　第2に、販促のモデルとしての観点では、モバイルへ移行していながら、イベントありきのプロモーションに頼ろうとしていたのも、旧態依然とした考え方のままであったのかもしれない。伝統的な折込みチラシでは販促イベントのスケジュールをまず決定してから逆算して広告を打つこととなる。また、イベントで供給できる目玉商品の数量も比較的大きな数字で固定的とならざるを得ない。しかし、モバイル広告の自在性を真に活用するならば、戦略商品・戦略価格を自在に変更したり、売れ残り品を活用したりといったことが可能になるはずであった。

　問題点の最後に、レジでの電子クーポンとの照合は、来店客と店側と、双方にとってのフラストレーションの種であったこともあげられている。電子クーポンでは、客にとってみれば、買い物をあらかた終えて店を出る直前にレジで時間を取られることとなる。さらにこのための待ち行列がレジにできたときなどはなおのこと不満がつのる。店員側では、そんな顧客のイライラを察知して、照合の運用がいい加減になりがちでもあった。

◆第2部　サービスによる新たな価値創造

# 3 魅力あるモバイル・マーケティングサービスへの発展

## ◆ 実券のクーポンを手にする安心感、お得感が利用率アップの決め手

　上記のような反省と気付きを踏まえ、店舗側ではターゲット層のシフトや販促商品の精緻な選定などが行われるようになった。一方でシステム側では、従来型の会員サービス携帯サイトを発展させたモバイル販促事業「リモーション」がスタートした。これはインターネット化の時代的な後押しと、現場の悩みや顧客のニーズとが直接結びついたものである。リモーションとは、携帯メールや携帯サイトなどのダイレクトWEBプロモーションと、クーポンや店頭POPなどの店頭プロモーションが密接かつ効率的に連動した販促システムである。これにより、商品情報がサイトに掲載され、そこへ誘導するためのメール配信を行いそして店頭では顧客に確実なバリューを提供するクーポンの発行により、双方向でヒット率の高いプロモーションが実現し、高効率の販促活動が可能になった。

　その仕組みは、QRコードで会員登録された携帯電話にサイトからお買い得情報がメール配信されることからはじまる。メールを受信した会員は来店時に携帯電話に表示された二次元コードを店頭の端末にかざして、対象商品のクーポンを発券する。この「実券」を、買い物を終えて精算するときにレジに提示して、ディスカウントを得る。このように携帯メールと携帯サイトにより喚起された会員は、高確率でアクションを起こすという。会員にとって、いわば「ハズレのないクジ」のようなイメージのこのシステムは、リピート率、ページ閲覧数、メール開封率の増加をもたらした。来店客にとって、電子クーポンよりも実券の方が確実で利便性が高いと認識されたのである。

　このシステムの顧客・店舗双方にとっての明らかな利点のもうひとつは、レジの待ち時間短縮だ。来店時に入手した実券のクーポンをやり取りするだけで

あるから、時間も手間もかからない。確かに冒頭の写真のような店先での行列が発生する場合もあるが、このときには買い物の精算が伴わないので１人当たりの処理時間は圧倒的に短い。また、「これから買い物をする」というちょっとした高揚感とともに待つのと、買い物を終わって、「あとは早く帰りたい」という状態で待たされるのとでは、同じ時間でも感じ方は大差となるだろう。

発券に関して重要となるもうひとつのキーワードは「店頭リコメンド」である。伝統的な折込み広告や従来の会員サービス携帯サイトでは、店舗が発信した情報に顧客が触れるのは来店前に限られていた。店舗側からいうと、せっかく来店した顧客に語りかける術（すべ）を持たなかったと言える。

しかしこの「リモーション」では、顧客が店頭で端末を操作する瞬間が、さらに「店頭リコメンド」できるチャンスである。これにより、メリハリの利いた販促情報を提供できるし、売り逃しを防止し客単価向上につなげることができる。

さらに、このシステムによって得られたお買上げ情報をもとに、店舗側は次の販促企画につなげていくことができるようになったのも収穫だ。リモーションでは、QRコードで会員を特定し、販促に必要な情報を選別して追跡できるため、精度の高い効果測定が可能である。そのため取得データを次の販促の手がかりにして、より効果的な販促につなげることができる。

以上、説明してきたようなクーポンという紙にこだわったリモーションを全店展開するにあたり、約１年間名古屋地区の４店舗で実地検証を実施し、システムブラシュアップを重ねてきた。そのとき、冒頭の写真のように、入店前の行列ができる手応えがあったという。またセール商品をわかりやすくするための画像による表示にも工夫を凝らし、利用率向上に寄与したようだ。さらに、後に詳述する機器側への要求事項が明らかになったのも、この実地検証においてであった。実地検証で得られたこれらを活かして、全店舗展開へと進めてきたのである。

> **Column 9-2**
>
> ## One to One マーケティング
>
> 　従来のマス・マーケティングが顧客をマス（集団）ととらえ全体にアプローチするのに対し、One to One マーケティングでは個人としての顧客にアプローチする。顧客1人ひとりの嗜好、価値観、置かれた状況の違いなどを把握し、それぞれにカスタマイズしたアプローチを行おうというマーケティング・コンセプト。
>
> 　マス・マーケティングは普通、テレビ・ラジオ・新聞・雑誌などのマス媒体を利用するが、One to One マーケティングでは、ダイレクトアクセス媒体（ダイレクトメールや携帯電話など）を用いる。本事例に登場した株式会社 PFU の定義では、マス・マーケティングを「マーケティング・コミュニケーション」と呼び、「集客」を目的とし、「認知させたか」を評価の尺度とするのに対し、One to One マーケティングは「サービス・コミュニケーション」であり、「留客（顧客を繋ぎ止める）」を目指し、「満足させたか」が重要な指標であるという。以上を比較表にしておこう。
>
> **株式会社 PFU による分類と定義**
>
> | マス・マーケティング | One to One マーケティング |
> | --- | --- |
> | マス媒体<br>（テレビ・ラジオ・新聞・雑誌） | ダイレクト・アクセス媒体<br>（ダイレクトメール、携帯電話） |
> | 「マーケティング・コミュニケーション」 | 「サービス・コミュニケーション」 |
> | 集　客 | 留　客 |
> | 認知させたか | 満足させたか |
>
> 　売上げ増大の観点からすると、マス・マーケティングは市場やシェアの拡大を目指すのに比べ、One to One マーケティングでは、事例の中でも触れたように、個々の顧客への売り逃し防止や顧客単価上昇にも力を注ぐ。
>
> 　顧客個々のニーズに応じた One to One マーケティングを実践するには、顧客の属性や嗜好、購買履歴などを蓄えた顧客データベースが必要となる。本事例で扱ったリモーションシステムは、このデータベース構築も可能にするものであった。

第 9 章　モバイル技術による価値創造

【図 9-1　「リモーション」の概念図】

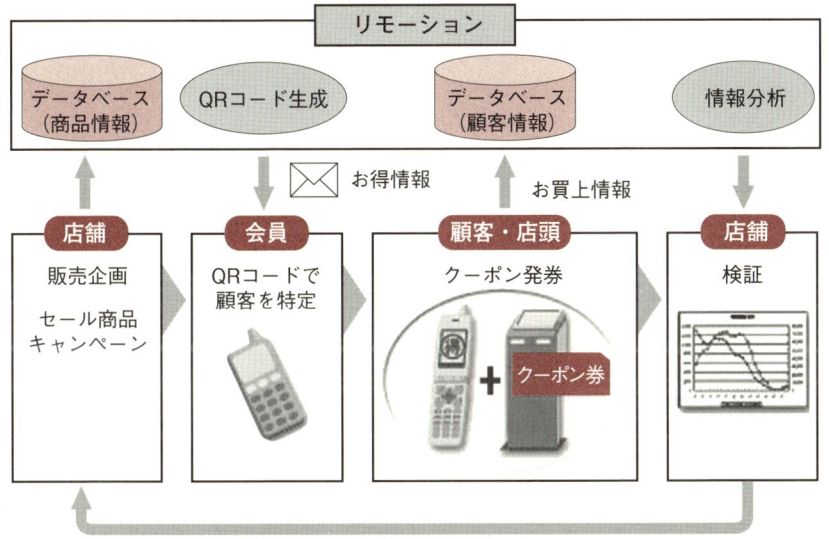

```
                        リモーション
┌─────────────────────────────────────────────────────┐
│ データベース    QRコード生成   データベース    情報分析  │
│ (商品情報)                    (顧客情報)               │
└─────────────────────────────────────────────────────┘
     ↑              ↓   ✉ お得情報    ↑ お買上情報    ↓
                              
   店舗           会員         顧客・店頭        店舗
  販売企画      QRコードで     クーポン発券       検証
  セール商品    顧客を特定
  キャンペーン
```

出所：株式会社 PFU のサイト
http://www.pfu.fujitsu.com/kiosk/casestudies/2009/donki.html

## WEB サイト運営管理

　この販促システムに「お得」な情報を掲載する WEB サイトは、もちろん必須条件である。WEB サイトを構築するのであれば、そこに「便利さ」「楽しさ」といった、より一層のバリューを付加することが可能だ。さらなるロイヤルティの増加と、それに伴うメールの開封率の向上や、様々な相乗効果が期待できる。これら WEB サイトの運営ノウハウも、相乗的に蓄積されて強みを形成することとなる。

## 効果のまとめ

　リモーションがドン・キホーテ全店に導入されて約 2 年が経過した時点での効果についてみておこう。クーポンが始まる前に約 30 万人だった会員が現在 200 万人に近い規模になった。

来店者数は累計で年間2億人、売上げ規模3,000億円に達し、現在も「実施」「検証」「維持継続」が繰り返されており、現在のところ極めて高い広告効果をあげている。またクーポンの発券枚数も約100万枚／月で集客効果が実感できるという。
　ここで、従来主流であった折込み広告と比較してみよう。チラシは、何部ほど配送されれば広告メディアとしての役目を果たすのだろう。言い換えると、何世帯に届けられれば、投資に見合った効果が見込めるのだろう。小売の業種業態にも依存するので一概には言えないだろうが、次のように思考実験をしてみよう。
　たとえば10万（世帯）といった数字だとしたら、ちょっとした市の全体をカバーすることになる規模だが、一般的な小売店でそれほど広く大きな商圏を持つ店舗はまれだろう。逆に数千（世帯）の規模だとすると、来店や電話など何らかの反応が得られる期待値が数％だとして、実数では数十件のリアクションとなる。これは少なすぎるに違いない。このように考えてくると、大雑把に見積もって1万件から数万件程度が、折込みチラシにとって適当な広告メディアとしての規模となるのではないだろうか。
　現在のドン・キホーテの店舗数が200あまり、会員が現在200万人規模になったことで、1回のメール発信でアクセスできる会員数は、単純計算すると1店舗あたり平均1万人近いということになる。クーポンがはじまる前の会員数約30万人では、1店舗あたり平均3,000人程度であったから、これでは上記の思考実験にあるように、規模としては心もとない。これが、順調に会員数を拡大することで、広告メディアとしての成立要件を備えるようになってきたといえそうだ。
　その他の特徴として把握されているのは、利用状況には地域特性があることだ。生活シーンに密着した店舗では利用率が高くなっている。また利用時間帯にも顧客の特性を伺うことができるパターンがあると言う。こうした点でも、集客効果だけでなく、次の販促の手がかりにも役立っているのである。
　さらに、ピーク時の行列を目のあたりにして、各店舗の店長の意気込みが

違ってきたことも大きい。ドン・キホーテは現場への権限委譲がなされているが、折込みチラシでは本部主導となり、どの店舗でも画一的な内容とならざるを得ない。

しかし、購買客層や売れ筋商品などの個店特性を反映できるリモーションでは、キャンペーンの企画や商品仕入れも店長の裁量となり、個店ごとの販促施策が目に見えるようになってきた。また、リモーションにより折込みチラシに比べて労力負担の改善や企画から実施までの即時性の効果にもつながっている。

「お客様の総来店者数から見て、まだ会員を伸ばせると感じています。今はクーポン以外の来店促進策を構想中で、楽しいお店作りに貢献していきたい」という現場の声が、リモーションの成功を象徴しているだろう。

## 4 サービスをバックヤードで支える「KIOSK端末」

### KIOSK端末

一般的に、KIOSK（キオスクまたはキヨスク）といえば、駅で見かける、新聞、雑誌、菓子などを扱っている小型の売店を思い浮かべる人が多いのではないだろうか。

もともとKIOSKはトルコ語に由来する英語で、街中にある、独立した建造物としての「売店」や「スタンド」を指す。1970年代当時の国鉄では、「清く」「気安く」といったイメージにつながるよう、「キヨスク」と読ませたのだという。

では、「KIOSK端末」と聞いて、「ははあ、あれのことか」とピンとくる人はどのくらいいるのだろう。たとえこの言葉は知らずとも、コンビニでコンサートやスポーツのチケットを発券したり、図書館で蔵書検索したり、あるいは空港やホテルで自動チェックインするなどで触れたことがある人がいるかもしれない。「KIOSK端末」の定義として広く認められたものが現在あるかどうかはともかく、標準的には以下のような理解でよいだろう。「公共施設や交通

【写真 9-3】 情報 KIOSK 端末の例

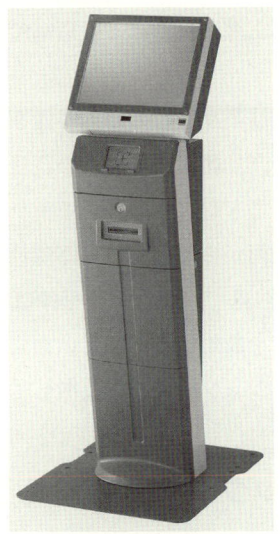

写真提供：株式会社 PFU

機関、店舗など、不特定多数の人が、タッチパネル操作などのマンマシンインターフェースを通じて、必要な情報にアクセスしたり、さまざまなサービスを利用したりする端末」。ただし、ATM、自動販売機、自動券売機などに代表されるような、単に自動化、省力化、無人化を実現するものとは一線を画したい。

　この章の事例は、そうした効率化の要素に加え、さらに顧客へのサービス価値も提供しようとする「情報 KIOSK 端末」としての発展性の物語であったともいえるのである。

## リモーションと情報 KIOSK 端末

　たとえば、リモーションの実地検証において、携帯電話から QR コードを読み取る性能要件が明らかになったという。あるいは、複数台の端末の設定やコンテンツの入替えには、集中的なセンター管理方式が必須であることもわかっ

た。

リモーションの「情報 KIOSK 端末」である株式会社 PFU 製の MEDIAS-TAFF は「KIOSK SERVICE PLATFORM」を使って簡単に集中管理が実現できることが決め手となって選択されたという。また全国店舗展開をカバーできる PFU 社の保守サービス網も導入の決め手になったとのことである。

QR コードの読み取り性能にせよ、センター管理方式の必要性にせよ、情報 KIOSK 端末がリモーションと組み合わさりモバイル・マーケティング・サービスに使用されることによって、はじめて開発目標が明らかになったものである。

このように、「情報 KIOSK 端末」を中心に置いて考えるとき、それまで人手で行っていたサービス、この事例の場合はクーポンの照合や店頭リコメンドや顧客情報の収集と分析などを、この機械にどれだけ代行させることができるかが重要なポイントとなる。このことはもちろん、「情報 KIOSK 端末」製造メーカにとってもチャレンジしがいのある課題でもある。

# 5 おわりに

携帯電話の爆発的普及に伴って鳴り物入りで登場してきたモバイル・マーケティングではあったが、成功例は限られている。この章では、伝統的な折込みチラシ広告を置き換える形でのモバイル・マーケティングをとりあげた。この事例でも、当初、折込み広告の考え方から脱却できない間は苦戦したといえるかもしれない。

しかし、店舗だけではなくシステム構築側も一体となった根気強い努力の末、顧客にも認知され、支持され、また各店舗でも手ごたえを感じてさらに工夫を盛り込み始めるなど、軌道にのった様子を見てきた。

この事例が発するメッセージは、何も難しいものではない。たとえ従来の道具立てとは異なる新時代のものを導入したからといって、それで直ちに成功が約束されるわけではなく、新しい枠組みでの成功モデルを地道に築き上げるこ

とが、まずは大切である。またそれには、サービスの表舞台を支える裏部隊、この事例の場合は情報KIOSK端末メーカのサポートも重要な役割を果たしているのである。

モバイル・マーケティングは今後も進化を遂げていくだろうが、それをドライブするのは、真面目に顧客の要望を汲もうとするサービス提供者と、その実現に協力を惜しまないバックヤードのプレーヤたちであるだろう。

### ❓ 考えてみよう

1. 現在の折込み広告のコスト、地域性などを調べ、小売の業種ごとの投資対効果を考えてみよう。

2. 身近にあるモバイル・マーケティングの例から、成功している点、いない点と、その理由を考えてみよう。

3. 情報KIOSK端末が今後どんなことができるようになれば、さらにどのようにサービスの展開が広がるかを考えてみよう。

### 参考文献（参考URL）

ドン・ペパーズ、マーサ・ロジャーズ『ONE to ONE マーケティング―顧客リレーションシップ戦略』（ベルシステム24訳）ダイヤモンド社、1995年。

ドン・ペパーズ、マーサ・ロジャーズ『ONE to ONE 企業戦略―顧客主導型ビジネスの実践法』（井関利明、倉持真理、ワントゥワンマーケティング協議会、富士通iMiネット訳）ダイヤモンド社、1997年。

http://www.pfu.fujitsu.com/kiosk/casestudies/2009/donki.html
http://www.realit.co.jp/service/mobile.php
http://www.remotion.realit.co.jp/case.php
http://www.pfu.fujitsu.com/kiosk/history/

第9章　モバイル技術による価値創造

### 次に読んで欲しい本

恩蔵直人、及川直彦、藤田明久『モバイル・マーケティング』日本経済新聞出版社、2008年。

長尾一洋『すべての「見える化」で会社は変わる―可視化経営システムづくりのステップ』実務教育出版、2008年。

# 第10章

# ITによる価値創造

■アップル

1．はじめに
2．従来の音楽ビジネス
3．アップルの音楽ビジネス
4．おわりに

第2部　サービスによる新たな価値創造

# 1 はじめに

　皆さんは、全米1位の音楽小売業者をどこか知っているだろうか。2008年（平成20年）巨大なディカウントストアのウォルマートを抜いて、アップルの音楽配信サービス「iTunes Store」（2006年9月までの名称は、iTunes Music Store）がトップとなった。それは、音楽配信サービスがメインストリームになってきたことを意味する。

　その躍進のきっかけは、2001年（平成13年）1月の音楽整理・再生ソフト「iTunes」の発表、そして11月の「iPod」の発表に遡る。だが、当時の報道陣は、携帯型音楽プレーヤはありふれていた上に、高価だったiPodを酷評した。さらにはネット・ユーザーも、iPodになぞらえて、"Idiots Price Our Devices（バカが値段をつける）"とか"I'd Prefer Owing Discs（CDの方がまし）"というようにアップルを誹謗したのだ。だが、その批判とはうらはらにその後のアップルは音楽ビジネスの仕組みだけでなく、人々の音楽を聴くスタイルまでも大きく変えていく。その鍵となったのは、ハード（機器）やソフトと連携したIT（インフォメーション・テクノロジー）による新しいサービスの提供であった。

　本章では、従来の音楽ビジネスについて確認すると共に、アップルの新しい音楽ビジネスの事例を通して、ITによる新しいサービスの仕組みについて考えてみよう。

# 2 従来の音楽ビジネス

## ◆ 手間のかかった音楽の楽しみ方

　従来は、音楽CDをレコード店で購入あるいはレンタル店から借りて、カセットテープにダビング（再録音）して、ウォークマンなどの携帯型カセット

【図10-1　従来の音楽ビジネスと音楽の楽しみ方】

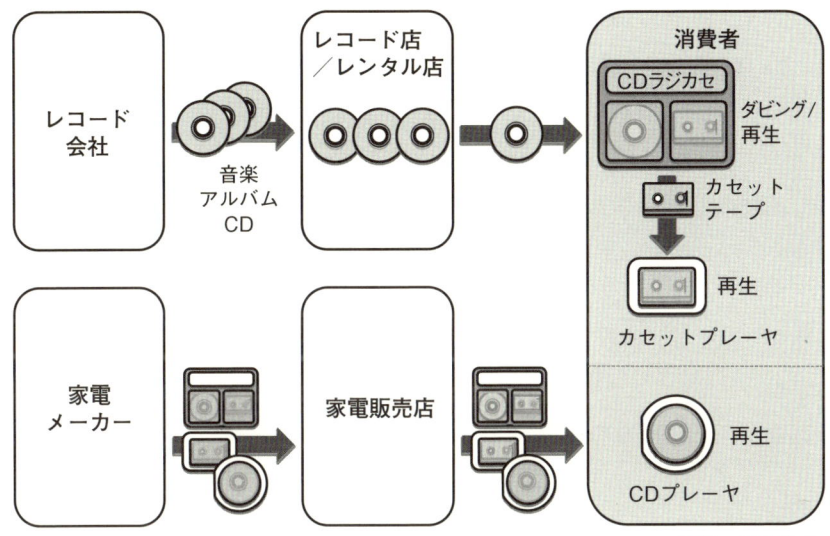

出所：筆者作成

プレーヤで音楽を聴いて楽しむというスタイルが一般的であった。もちろん音楽CDをそのまま携帯型CDプレーヤで聴いたり、MD（ミニディスク）にダビングして携帯型MDプレーヤで聴いたりするという人もいた（図10-1参照）。

　だが、こうした作業は結構手間がかかるもので、店に行くまでのお金や時間のコストをはじめ、多くの棚から商品を探すコストがかかっていた。しかも購入前に音楽を試聴することが難しく、買わないとわからないというリスクもあった。さらには、購入後もダビングの手間がかかっていた。カセットやCD、MDに1回に録音できるのはせいぜい10数曲で、その上それらは1度に多くを持ち運べるものでなかったのである。

　さらにいえば、多くのハードを揃えるための費用もかかった。音楽はレコードプレーヤやCDプレーヤなどの機器がないと音楽を聴くことができないし、それを自由な場所で聴くためにはダビングできるCDラジカセ、そして携帯型カセットプレーヤや多くのカセットテープなどを購入する必要があった。

### 第2部　サービスによる新たな価値創造

#### ◆ パッケージ販売されたCD

　レコード会社は、アーティストの音楽を録音し、そのデータをCDにパッケージングし、レコード店あるいはレンタル店に販売する。このパッケージにすることが、従来の音楽ビジネスを成長させた鍵であった。元々は、限られた人しか聴けなかったアーティストの生の音楽を、レコード会社がレコードにパッケージングすることで、多くのレコード店に流通し、多様な消費者に届けることができ、その結果収益を挙げることが可能となったのである。

　こうしたレコードやCDにパッケージングされた音楽は先にみたようにハードがないと聴くことができなかった。そのため、家電メーカーがこうした機器を製造し、家電販売店に流通させ消費者に販売し、ここからも収益が生まれた。

　だが一方、こうした従来の音楽ビジネスでは、売れ筋の音楽CDの欠品あるいは売れない商品の在庫問題や流通コストの問題、そして消費者の手間やリスクがあった。

## 3　アップルの音楽ビジネス

#### ◆ 新しい音楽を聴くスタイル

　アップルによって、人々は自らの音楽ライブラリのほとんどすべてを簡単に持ち運びでき、音楽をどこでも自由に楽しむことが可能になった。従来の手間のかかった音楽の楽しみ方から見れば大違いである（図10-2参照）。

　ユーザーは、まずiTunesの自らの音楽ライブラリのホルダーと並びにあるiTunes Storeを確認し、その膨大な音楽データベースの検索あるいはランキングなどのお勧めの中から、興味ある音楽を無料試聴でき、気にいれば1曲単位で購入し、PC（パーソナル・コンピューター）に保存できる。それらを簡単な操作で、お気に入りの曲目のリストに整理することもできる。レコード店

第10章　ITによる価値創造

【図10-2　アップルでの音楽ビジネスと音楽の楽しみ方】

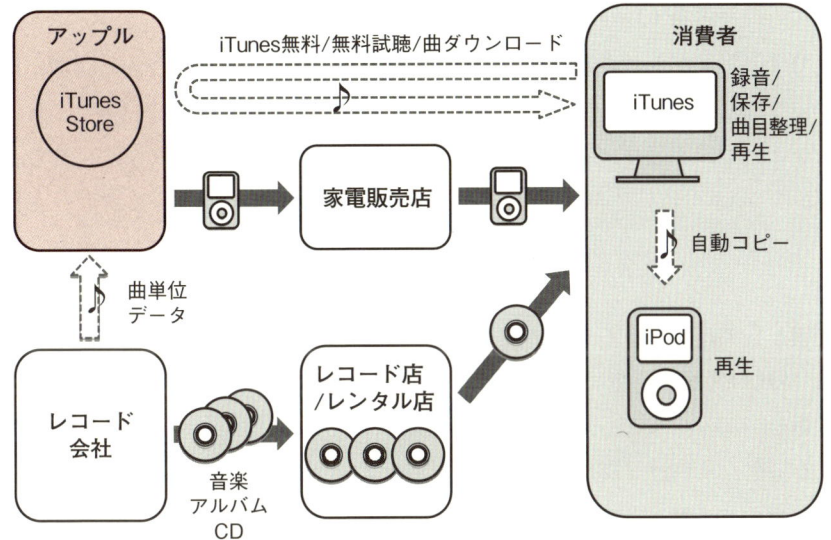

出所：筆者作成

やレンタル店に行って、たくさんの棚の中から探さなくても良いし、データなので欠品していることもない。もちろん、既に所有している、あるいは店舗で入手した音楽CDをiTunesで録音し保存するという方法もある。

　そして、PCにiPodをつなげば、ほぼ全ての曲が自動コピーされ、それだけで音楽を持ち運び聴けるようになる。自らが整理した曲目をはじめ、曲名やアーティスト名、ジャケット写真、歌詞などの情報も一緒に転送されるので、カセットテープのようにラベルに情報を書く必要もなければ、カセットテープをいちいち取り替えるというような手間もない。

　さらに、その他に必要なハードとしては、インターネットに繋がったPCを持っていないといけないが、それ以外はiPodを購入すれば充分である。従来必要であった多くの機器や、カセットテープを都度購入しなければいけないことを考えると、非常にシンプルである。

第2部　サービスによる新たな価値創造

## デジタルハブ構想と iTunes

　では、アップルの音楽ビジネスの軌跡を、その背景にも触れながら詳細に見ていくことにしよう（図10-3参照）。その軌跡は、2001年（平成13年）1月のスティーブ・ジョブズ CEO の「デジタルハブ構想」の発表からはじまる。ジョブズは、デジタルカメラや、デジタルビデオカメラ、音楽プレーヤ、DVD プレーヤ、携帯電話などの多様なデジタル機器に囲まれて暮らすという「デジタルライフスタイル」時代の到来を告げると共に、そのデジタル機器の中核として、すなわちデジタルハブとして PC が位置づけられると主張した。PC 時代の終焉を予想する当時のメディアや業界関係者が多い中、異彩を放っていた。

　そのデジタルハブ構想の第1弾として、アップル PC の「Mac」と他社の多様なデジタル機器との連携を可能にするために Mac 用ソフトの整備が行われた。iTunes の無償配布がはじまると共に、映像編集ソフトや DVD 作成ソフトなども発売された。

【図10-3　アップルの音楽ビジネスの軌跡と業績推移】

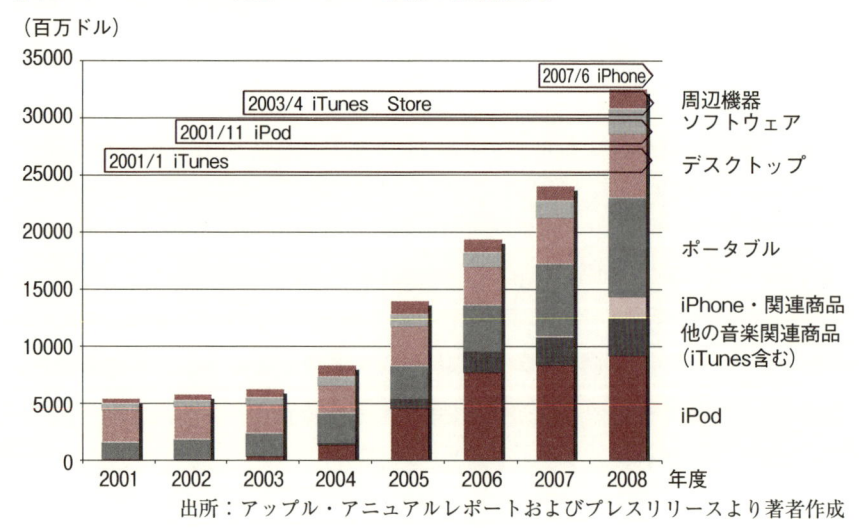

（百万ドル）

出所：アップル・アニュアルレポートおよびプレスリリースより著者作成

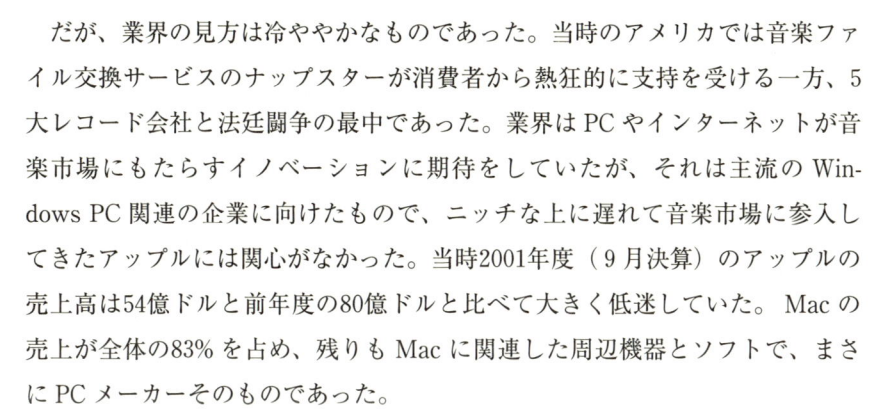

だが、業界の見方は冷ややかなものであった。当時のアメリカでは音楽ファイル交換サービスのナップスターが消費者から熱狂的に支持を受ける一方、5大レコード会社と法廷闘争の最中であった。業界はPCやインターネットが音楽市場にもたらすイノベーションに期待をしていたが、それは主流のWindows PC関連の企業に向けたもので、ニッチな上に遅れて音楽市場に参入してきたアップルには関心がなかった。当時2001年度（9月決算）のアップルの売上高は54億ドルと前年度の80億ドルと比べて大きく低迷していた。Macの売上が全体の83%を占め、残りもMacに関連した周辺機器とソフトで、まさにPCメーカーそのものであった。

　もう1つデジタルハブ構想に関連して、アップルはこの時期に新しい試みを実施している。Macを多くの人に日々触れてもらうため、アメリカで直営店をオープンした。一方、当時の家電販売店では、PCのスペックの説明しかされないし、女性客は少なかった。アップルの直営店では、iTunesを使って自分だけの音楽CDやムービーを作成したり、自分のWebサイトで写真を公開したりと、コンピュータを使って実際にできることを学び、経験してもらうことができた。すべてのMacはインターネット接続され、そのいくつかには多様なデジタル機器が接続されていた。そして、初心者にもわかりやすいように、豊富な知識をもつ販売スタッフによるデモンストレーションや説明が行われていた。

### ◆ iPodの発売

　こうした中、デジタルハブ構想の第2弾として、2001年（平成13年）11月にiPodが発売される。その開発は、わずか9ヶ月前の市場調査からはじまった。当時すでに市場には類似の携帯型音楽プレーヤはあったが、ユーザーは購入して数週間後に使用しなくなっていたという。ユーザーは何百枚もの音楽CDから録音した曲をPCに保存しているが、半導体を利用した市販の携帯型音楽プレーヤには10数曲しか保存できなかったからである。何度も中身の入れ替えをしなければならず、手間がかかった。大容量のハードディスクをもつタイプも

## Column 10-1

### ソーシャル・ヴィジビリティ

「(iPodの)重要なポイントの1つは、イヤホンを白にしたことだった。例えば道を歩いているとき、白いイヤホンをした人を見れば、すぐにiPodのユーザーだって分かる。iPodのユーザーは、みんなが同じコミュニティーの一員だって感じるんだ。自分が白いイヤホンじゃないと、悔しいくらいにね」(『日経エレクトロニクス』2004.6.21, p.239.)。

iPodプロジェクトを統括してきたグレッグ・ジョズウィアックは、iPodの白いイヤホンが見えることが、その成功のカギだと説明する。

こうした成功物語に理論的根拠を与える社会学者がいる。ジュリエット・B.ショアは、『浪費するアメリカ人』(岩波書店、2000年)において、製品が社会的に目に見えるかどうかという「ソーシャル・ヴィジビリティ」の程度が、人々の消費に影響を与えると主張する。

他人から見られやすい公共の場所やオフィスで使う製品は、見られて良いものを購入する。例えば、時計やバッグである。一方、あまり他人から見られない寝室などで使う製品は、何を買うか気にしない。マットレスやカーテンなどである。使用される場所が消費に影響を与える。

「見られる」だけでなく、「見る」ことも影響を与える。その際に重要なのは、「準拠集団」(人の信念や態度に影響を与える集団)が、何を使っているかである。友人や先輩、上司、憧れの芸能人が使う製品が影響を与える。iPod初期ユーザーには、クリエーターが多かったという。

さらに、見た目で認知しやすい特徴が影響を与える。それまで特徴のなかった市場において、エビアンやスターバックスのカップがロゴやデザインなどの特徴をつけて成功した事例がわかりやすいだろう。まさに、これまでイヤホンではタブーだった白色を選択したアップルの狙いである。それがアップルの新しい音楽ビジネスを表す「シンボル」となっていく。

あったが、大きすぎて持ち運びできなかった。それだけでなく、複雑な操作も要求された。

こうした調査の結果、iPod のコンセプトは、「ポケットにスッポリ収まる大きさに、ユーザーのすべての音楽コレクションを記録する製品」(『日経エレクトロニクス』2004.5.24)となった。そして実際に開発された iPod は、ポケットサイズの大きさで1000曲を保存できた。

　だが、真に重要であったことはコンセプトを達成しつつ、「ユーザーが複雑だと思うことを排除する」ことであった。その代表的な対応は、次の2つが挙げられる。まず1つ目は、「Auto-Sync」の機能である。iPod を PC に接続すると自動認識され、iTunes が立ち上がり、PC の音楽コレクションが iPod に自動コピーされる。既存製品では、聴きたい曲を PC から探して転送する必要があり手間がかかった。

　もう1つは、「1つの体験」を提供する共通インタフェースである。iPod は、メニュー体系や表示の仕方など iTunes と共通インタフェースになるように設計された。だが、iPod は画面も小さく全ての対応はできないので、iPod は再生専用、録音や曲目整理は iTunes というように機能分担が行われた。実は、これは初代ウォークマンと同じ発想であった。

【図10-4　初代 iPod と iTuens、Mac】

写真提供：アップル社

### 第2部 サービスによる新たな価値創造

このような特徴をもってiPodは開発されたが、冒頭でみたように決して順調な船出ではなかった。そして2002年（平成14年）9月には、iPod for Windowsが発売される。だが、市場への早期投入を目指した関係で、ソフトはiTunesではなく他社ソフトをベースにしたものであった。iPodが市場で評価されるにはまだ時間がかかっていた。

### iTunes Storeの開始

デジタルハブ構想の第3弾として、さらに便利にiPodを使うために、2003年（平成15年）4月iTunes Storeがアメリカで開始された。その開発は、「曲のサンプルが聴けて、クリックすれば曲が購入できるオンラインストア」というジョブズの要求からはじまった。当時市場にあった既存サービスでは、購入から再生までのステップが複雑で、PCの知識が不可欠であった。さらには、DRM（著作権管理技術）の制限で、購入した曲を複数のPCで聴いたり、CDにコピーできなかった。

実現に向けての最大の難関は、多くの楽曲の権利をもつレコード会社の協力であった。音楽業界は、音楽ファイル交換や、海賊版CDに影響を受け、売上が8％もダウンしていた。だが、DRMでがんじがらめにして、ユーザーに使いにくいものにしては意味がなかった。そのため、アップルはユーザーの不満に応えつつ、業界の懸念を払拭する必要があった。

それらを両立するための対応として、以下の4点が行われた。第1に、同じ曲順でのコピーは10回までしかできないこと。これは、一般ユーザーにとっては何も問題はなく、海賊版CDの製造業者には障害になった。第2に、iPod以外の携帯型音楽プレーヤにコピーできないこと。第3に、iPodに保存した音楽データから、PCへはコピーができないこと。最後に、複数のPCでの再生は3台まで可能となった。

その結果、はじめから5大レコード会社の20万曲が揃っただけでなく、30秒間無料試聴もでき、クリックすれば1曲99セントで簡単に購入できるというサービスが生まれた。アップルの収益構造は、1曲あたり65セントがレコード

第10章　ITによる価値創造

会社に渡り、クレジット会社に10セントの手数料が発生するというもので、オンラインストアの運用費を入れると、音楽配信サービス自体で大きな収益はなかった。アップルは、サービスだけで収益を上げようとしたのではない。

　iTunes Storeはオープン1週目にして、20万曲が100万回ダウンロードされ、業界関係者を驚かせた。半数以上の曲がアルバムとして購入されており、曲単位で音楽を売るとアルバムの売り上げが減少するのではないかという業界の不安を払拭した。さらに、わずか1週間で20万曲のうち半分以上が少なくとも1回は購入され、広い範囲の音楽趣味に対応していることも示した。この結果は、当時音楽ファイル交換の問題に頭を悩ませていた業界関係者に新たな販路となることを実感させた。開始4ヶ月後には1千万回を超え、毎週の平均ダウンロード数が50万回に達した。これらが転機となり、iPodの売上高を大きく伸ばした。このような相乗効果を、iPodプロジェクトを統括してきたグレッグ・ジョズウィアックは、次のように強調する。

　「iPodは、21世紀の『ウォークマン』だと思っている。ソニーが1979年に発明したウォークマンは、革命的なハードウェアで、人々の音楽の聴き方を変えた。でも現在では、ハードウェアだけじゃ足りない。ハードとソフト、そしてサービスが相互に作用して出来上がるのが、デジタル時代の体験なんだ」(『日経エレクトロニクス』2004.6.7)。

　さらに、アップルは同時期にデジタルハブ構想と関連して、「エコシステム」(生態系)づくりにも着手する。2003年(平成15年)4月に発売されたiPodでは、第3者がiPod用のアクセサリーを作りやすいように、全iPod共通のドック端子(周辺機器との接続用端子)に統一した。その上で、「Made for iPod」というiPodの動作を保障する認定プログラムもはじめた。

　10月には、iTunes for Windowsも無償配布され、Windowsユーザーも、iTunes Storeを利用できるようになった。同時に、200以上のインディーズ音楽レーベルの楽曲を網羅するに至り、40万曲の品揃えに達した。

　2004年(平成16年)1月にはiPodは累計200万台を突破し、2月には小型の

iPod mini が発売され、そして、4月に iTunes Store に iMix やパーティシャッフルという新サービスが加わった。iMix は、ユーザーが自分の好きな曲目のリストを iTunes Store で公開し、他のユーザーがプレビューや格付け、購入できる機能である。他の音楽ファンが推薦する新曲を発見したり、他の iTunes ユーザーが公開した iMix を評価することができるネット・コミュニティでもある。一方、パーティシャッフルは、ユーザーの音楽ライブラリからの自動選曲などが簡単にできる新しい機能である。そして6月には iTunes Store は、英国、フランスおよびドイツでも開始された。

同じ6月に、エコシステムの効果が現れてきた。BMW グループと共に、iPod とカーオーディオをシームレスに統合するアダプタを開発し、BMW や MINI のハンドルのボタンで iPod が操作できるようになった。

7月には音楽配信が累計1億曲に達し、8月には100万曲を揃え、さらに10月には iTunes Store が EU で、そして12月にはカナダで開始され、累計2億曲の販売にまで到達した。

2005年（平成17年）1月には、USB メモリー型の iPod shuffle が発売され、3月には累計3億曲の販売を超え、5月には iTunes Store デンマークや、ノルウェー、スウェーデン、スイスで開始され、世界の音楽配信市場の70％以上のシェアを持つまでに成長した。そして、7月には累計5億曲の販売に達成し、翌8月には iTunes Store が日本でも開始された。

この頃には、エコシステムはさらに拡大していた。iPod 専用アクセサリの数が1,000種類を超えていた。ファッションブランドによるケースをはじめ、スピーカーシステム、車載キットなど、さまざまな企業から多彩な iPod 専用製品が提供されていた。さらに先にみた Made for iPod の製品が700種類以上も展開されていた。この現象は、「iPod エコノミー」と呼ばれた。

2006年（平成18年）2月、累計10億曲の大台に乗り、5月にナイキと共に、スポーツと音楽の2つの世界を融合した Nike + iPod が発売された。フットウェアに iPod に接続すると、時間、距離、消費カロリーなどの情報が iPod に保存され、結果がスクリーンや音声で確認できる。

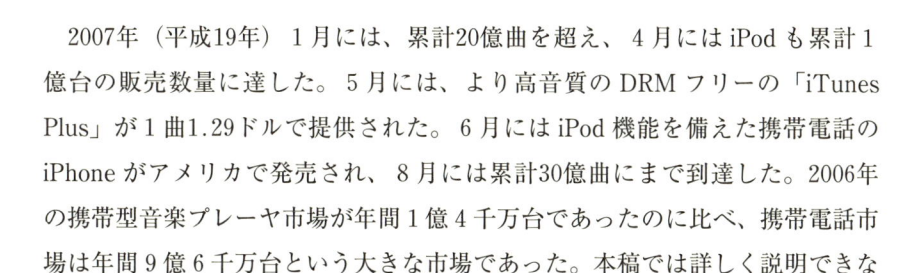

2007年（平成19年）1月には、累計20億曲を超え、4月にはiPodも累計1億台の販売数量に達した。5月には、より高音質のDRMフリーの「iTunes Plus」が1曲1.29ドルで提供された。6月にはiPod機能を備えた携帯電話のiPhoneがアメリカで発売され、8月には累計30億曲にまで到達した。2006年の携帯型音楽プレーヤ市場が年間1億4千万台であったのに比べ、携帯電話市場は年間9億6千万台という大きな市場であった。本稿では詳しく説明できないが、このiPhoneがデジタルハブ構想の新しいステージの鍵であった。

同年7月には累計30億曲の販売を突破して、500万曲以上の楽曲、550本以上のテレビ番組、そして500本以上の長編映画がiTunes Storeで揃えられていた。

2008年（平成20年）4月には冒頭でみたように、全米No.1の音楽小売業者となり、6月には累計50億曲の販売にまで到達する。2009年（平成21年）1月にはiTunesStoreの全ての曲がDRMフリーになった。2008年度のアップルは、iPod発売年度の売上高の6倍を超え325億ドルにまで大きく急成長した。うちiPodが92億ドル、iTunes Storeを含む他の音楽関連が33億ドル、iPhone・関連商品が18億ドルとなり、音楽ビジネスは成長に大きく貢献した。

# 4 おわりに

本章では、従来の音楽ビジネスについて確認すると共に、アップルの新しい音楽ビジネスの事例を通して、ITによる新しいサービスの仕組みについて確認してきた。そのポイントをまとめると、次の3点が挙げられる。

最初のポイントは、ITによりコストや手間がかからないサービスを提供できた点である。音楽などのデジタルコンテンツは、その制作費は高いが、配送や在庫費などの流通コストはインターネット技術により限りなく低くできる。そのため、一部分を無料提供することも行いやすい。一方ユーザーにとっても、従来かかった多くの手間やコスト、そして購入しないとわからないというリスクが低くなる。

次に、ITによりハードやソフトと相乗効果を生み出す新しいサービスを提

【図10-5　ITによりハード・ソフトと相乗効果を生み出す新しいサービス】

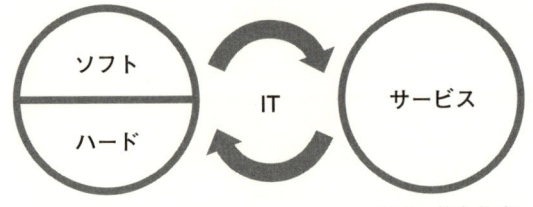

出所：筆者作成

供できた点である（図10-5参照）。第1の点だけであれば、実現可能な企業もあろうが、アップルでは、ソフトとハード、サービスが一体化された便利で簡単な製品・サービスが提供され、それぞれの利用がそれぞれの利用を自然に促進し合うよう設計されたのである。簡単で便利なことは、ユーザーにとって抵抗なく使用をはじめるきっかけとなり、新規顧客を獲得しやすい。一方、その製品・サービスの独自データや周辺機器が増え、それらに慣れてくると、ユーザーにとっては競合製品やサービスに切り替えるのが難しくなる（コラム10-2参照）。つまり、ユーザーの「スイッチングコスト」は増加し、企業にとって顧客維持が可能となる。

　最後のポイントは、ユーザーの既存資産と互換性があるサービスを提供できた点である。すでにユーザーの持っている音楽CDを取り込むことができるソフトの存在は、ユーザーがアップルの新しいサービスにスイッチしやすかったと考えられる。既存の製品・サービスから新しいものへスイッチさせる場合に、移行の経路となる「マイグレーション・パス」を用意することも重要となる。

## Column 10-2

### ネットワークの外部性

　ファックスを、もしこの世界で1人だけ利用しているとしたら価値はあるだろうか。ファックスは、送ってくれる相手、受けてくれる相手が多いほど価値が上がる。このように、ある製品やサービスのユーザーが多いほど、ユーザーにとっての利便性が増し、製品の価値が上がる性質のことを「ネットワークの外部性」あるいは「ネットワーク効果」があるという。ファックスをはじめ、電話、ケータイ、電子メール、インターネットなどの通信技術が、その典型である。

　こうした効果をもつ製品は、導入期間に時間はかかるが、ある規模を超えるとその後爆発的に普及することが多い。この普及の臨界点は、クリティカル・マスといわれる。たとえばファックスは、発明家であるアレキサンダー・ベインによる1843年の特許をベースに、1925年にAT&Tがアメリカにおいて電送写真サービスを開始したのがはじまりであった。1982年くらいまではニッチなサービスであったが、その後の5年間で急増し、1987年にはほとんどの企業が利用するサービスへと変化した。

　こうしたネットワークの外部性は、通信ネットワークに限定された話しではない。iPodのユーザーというネットワークにおいても、その効果は見られる。個々のユーザーは、ネットワークの規模の大きさに恩恵を受けている。音楽データのプレゼントが互いにできたり、プレイリスト、使い方などの情報交換ができたり、さらには大きな需要が期待されるので多くの企業が補完製品やインタフェースを開発してくれるからである。

　このように、「互換性」がある製品のユーザー・ネットワークにおいてネットワークの外部性は生まれ、その製品が市場競争力をもつのである。さらに進めば、デファクト・スタンダード（業界標準）となりうる。だが、一方カセットテープのユーザー・ネットワークにおいて、かつてネットワークの外部性があったことを忘れてはいけない。

### 第2部　サービスによる新たな価値創造

**? 考えてみよう**

1．インターネットなどのITによる新しいサービスを提供している企業を調査して、その仕組みの特徴について考えてみよう。

2．アップルのビジネスにおける直営店の意義について考察してみよう。できれば実際に訪問して考えてみよう。

3．アップルが、iPhoneを通して、どのようなITによる新しいサービスを展開させているのかを調査して、そのサービスの優位性について考えてみよう。

#### 参考文献

カール・ジャビロ、ハル・R・バリアン『ネットワーク経済の法則』（千本倖生・宮本喜一訳）IDGジャパン、1999年。

ジェフリー・S・ヤング、ウィリアム・L・サイモン『スティーブ・ジョブズ―偶像復活』（井口耕二訳）東洋経済新報社、2005年。

林信行『iPhoneショック―ケータイまで変える驚異のアップル流ものづくり』日経BP社、2007年。

ロバート・ブルナー、スチュアート・エメリー、ラス・ホール『企業戦略としてのデザイン―アップルはいかにして顧客の心をつかんだか』（長尾高弘訳）アスキー・メディアワークス、2008年。

山崎潤一郎『ネットコンテンツ・ビジネスの行方』毎日コミュニケーションズ、2007年。

『アップルニュースリリース』

『日経エレクトロニクス』2004.5.24、2004.6.7、2004.7.19、2006.7.17。

#### 次に読んで欲しい本

カール・ジャビロ、ハル・R・バリアン『ネットワーク経済の法則』（千本倖生・宮本喜一訳）IDGジャパン、1999年。

林信行『iPhoneショック：ケータイまで変える驚異のアップル流ものづくり』日経BP社、2007年。

# 第11章
# モノとメンテナンスによる価値創造
■三浦工業

1. はじめに
2. 生産財のシステム化と提案営業
3. 生産財を支えるメンテナンス・サービス
4. おわりに

## 第2部　サービスによる新たな価値創造

# 1 はじめに

　朝食を食べ、アイロンの利いたシャツを着て、電車に揺られ、大学の空調の整った教室で講義を受ける。このごくありふれた日常が、実はボイラーに支えられている。

　ボイラーと言えば、ボイル（boil）するものだから、水を沸かす機械だ。水を沸かすという点では、鍋ややかんと同じで、実際、ボイラーのことを釜とか缶とか呼ぶこともある。水を沸かせば温水や蒸気が出る。この温水や蒸気が様々なところで使われる。

　たとえば、今朝あなたが蒸しパンを食べたなら、それは食品工場のボイラーの蒸気で蒸しあげられたものだ。クリーニング店ではアイロンかけにボイラーの蒸気が使われる。通学に使った電車はもちろん電気で動いているが、発電にもボイラーが使われる。火力発電所では、水蒸気の圧力でタービンを回して発電している。大学、商業ビル、病院などの大きな建物の暖房はボイラーから出る熱や蒸気が使われている。また私たちが使っている日常的な製品の加工にもボイラーから出る温水や高温蒸気の熱や圧力を使っていることが多い。このように、私たちの暮らしは、見えないところでボイラーに支えられているのだ。

　ボイラーはこのように様々なところで私たちの暮らしを支えていて、市場規模も大きい。しかも鍋ややかんのようにお湯を沸かせばいいわけで、その仕組みはとてもシンプルなものだ。製造技術という点では参入の容易な産業である。それゆえ、ボイラー産業の歴史も古く、多くの企業がボイラーを作っているので競争も激しい。

　ところが我が国においては、三浦工業という愛媛県のメーカーが、シェア50％という圧倒的なトップ企業なのである。技術的な差別化も難しく、競合も多いはずのボイラー業界で、なぜ特定のメーカーがシェア50％という圧倒的な強さを誇っているのか。

　もちろん、三浦工業のボイラーは性能がいい。しかし、性能のいいだけのボ

第11章　モノとメンテナンスによる価値創造

イラーなら、ほかにも作れる会社はたくさんある。重要なのは、ボイラーが仕事をするための道具だということなのだ。ボイラーのように、製品やサービスを作り出すために使われる財を生産財という。結論を先取りして言えば、三浦工業は、ボイラーが生産財であるがゆえに求められる製品性能以外の大切な要素を良く知っているのだ。ではその生産財であるがゆえに求められるものとは何なのか。三浦工業の事例をもとに、考えていくことにしよう。

## 2　生産財のシステム化と提案営業

### 小型貫流ボイラーの多缶設置

　三浦工業は、1927年（昭和2年）に精麦・精米機の製造・販売のため、愛媛県松山市で創業した。現在では、ボイラーでシェア50％を占めるトップ企業である。しかし、考えてみると、三浦工業がトップ・シェアを占めることができたのは、不思議なことだと言えるかもしれない。ボイラーというのは、簡単に言えばお湯を沸かす機械だ。基本的な仕組みは鍋ややかんと変わりがない。そのため、先発のメーカーも多く、競争が激しい。戦前から多くのメーカーがボイラーを製造しており、中には全国規模の重機メーカーもある。現在でも、主要メーカーだけでも20社以上がひしめく競争の激しい市場である。小さなメーカーまで入れれば、それこそ星の数ほどのメーカーがある。そんな中で、地方の一企業が、50％以上のシェアを占めているのである。なぜこんなことが可能だったのであろうか。

　三浦工業の転機となったのは、1960年（昭和35年）に製造を開始する「小型貫流ボイラー」である。ボイラーには、大きく分けて、丸ボイラーと水管ボイラーの二種類がある。丸ボイラーは、水を満たした缶を火で温める、まさにやかんのようなものである（図11-1）。これに対して水管ボイラーは、家庭の湯沸かし器と同じ仕組みで、水を流す管を熱して温める仕組みだ。三浦工業が得意とする貫流ボイラーもこの水管ボイラーの一種だ。水を熱した水管の入り口

## 第2部　サービスによる新たな価値創造

【図11-1　一般的な丸ボイラーの構造】

■炉筒煙管ボイラー

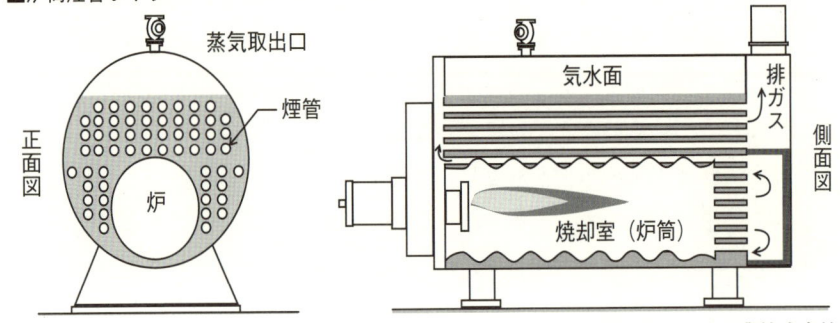

正面図：蒸気取出口、煙管、炉

側面図：気水面、排ガス、焼却室（炉筒）

図提供：三浦工業株式会社

から出口へと一方向に流しながら温めるので貫流ボイラーと呼ばれる。

　三浦工業が小型貫流ボイラーを開発するまで、大きなビルの暖房や、工場の熱源、あるいは水蒸気の発生源として使われていたのは、基本的には丸ボイラーであった。大きな缶に水を満たし、これを熱するわけである。大量の水を蓄えられるので、大量の熱や水蒸気を得ることができる。しかし、万一、破裂でもすれば大変な事故につながる。そこで、一定の大きさ以上のものは、ボイラー技士という国家資格を持つ人が操作しなければならない。またボイラーの整備もボイラー整備士という国家資格を持つ人が行わなければならない。つまり丸ボイラーは、有資格者を雇う人件費もかかるし、危険も伴うものであった。

　また大型の丸ボイラーには、効率上の問題もある。まず大量の水を沸かして、十分な熱や蒸気が得られるようになるまでに時間がかかる。またビルや工場で必要とされるピーク時の熱量や水蒸気量が十分賄えるようにしたいので、ピーク時に合わせた出力のボイラーを設置することになる。たいていのビルや工場では、常に最大出力が必要になるわけではない。わずかな出力しかいらない時でも大型のボイラーを動かすのでは、無駄が多い。

　三浦工業の小型貫流ボイラーは、こうした問題点を解決する画期的な新製品であった。簡単にいえば、大きなボイラーを1つ設置する代わりに、小型のボイラーを何台も設置するのである。そして必要な出力に応じて、必要な台数だ

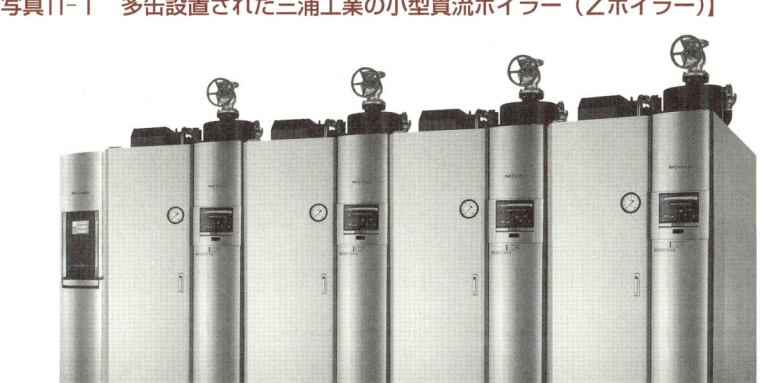

第11章　モノとメンテナンスによる価値創造

【写真11-1　多缶設置された三浦工業の小型貫流ボイラー（Zボイラー）】

写真提供：三浦工業株式会社

け動かすわけだ。必要な熱量や蒸気の量が少ない場合は、少数の小型ボイラーを動かし、たくさんの熱や蒸気が必要になったらたくさんの小型ボイラーを動かすわけだ。このように、複数のボイラーを設置することを多缶設置という。三浦工業は1977年（昭和52年）にMIシステムと称して、小型貫流ボイラーを多缶設置するシステムの販売を開始している。これなら、その時々の必要な出力に見合った数のボイラーだけを動かすので無駄がない（**写真11-1**）。

　三浦工業の貫流ボイラーは、小型化して多缶設置するのに適した方式だ。管の中に水を流して、その管を加熱する。水は缶の入り口から出口に着くまでのわずかな時間の間に沸騰して、十分な熱や水蒸気が得られる。昭和の頃にどこの家庭にもよくあった瞬間湯沸かし器と同じ仕組みだ。貫流ボイラーは起動してから、十分な出力が得られるまでの時間が短い。だから、多缶設置して、その時々に必要な台数のボイラーだけを、起動したり、止めたりするという使い方が可能になる。

　ボイラーは、それを使うユーザーにとっては、熱や蒸気を得るための道具なのだ。道具であるならば、効率的に使える、使い勝手がいいものがいいに決

まっている。三浦工業のボイラー事業の成功の1つの原因は、小型貫流ボイラーの多缶設置という他社にないアイディアで、使い勝手の良い道具を作り出したということにある。

## 製品のシステム化

　三浦工業の、小型貫流ボイラーの多缶設置というアイディアは、もちろん優れたアイディアだが、ユーザーの立場からすれば、それだけで使い勝手のいい仕事道具ができるかというと、そうでもない。

　まず、多缶設置したボイラーを、どういうタイミングで、どれだけ起動すればいいのか、あるいは逆に止めればいいのかという判断が難しい。この判断が適切にできないのなら、かえって大型のボイラーを動かしていたほうが効率的だということも起こりうる。そこで三浦工業では、これを自動で制御するシステムを開発した。

　また、ボイラーは水を扱う機械なので、水アカやサビなど、水に由来する様々な問題が出てくる。従来の大型の丸ボイラーは、缶内に人が入って水アカを落とすなどのメンテナンスが可能だったが、貫流ボイラーは細い管の中を水が通るので、管の掃除が難しい。そこで水アカやさびを落とすのではなく、最初から水アカやサビがつかないような工夫がいる。そのため、三浦工業が開発したのが、水質を調整する様々な機器である。まず、水アカの原因となる、ミネラルなどの硬度分を除去し、軟水にする装置を開発した。これを軟水装置という。三浦工業ではZソフナーの商品名で製造販売している。また、サビの原因になる酸素を除去する装置を開発した。これを脱酸素装置という。この脱酸素装置を、三浦工業ではZサビンという商品名で製造販売していた。三浦工業では1989年（平成元年）に、これを発展させた、ZサビンDORという新商品を開発する。このDORは、水から酸素を抜く際に薬品を使わないという画期的な特徴を持っていた。DORは特殊な気体分離膜をつかって、水の中から気体の酸素を取り出す。つまり、水に薬品や添加物を一切添加しない。現在、DORシリーズに限らず、三浦工業の脱酸素装置は全てノンケミ（ノンケミカ

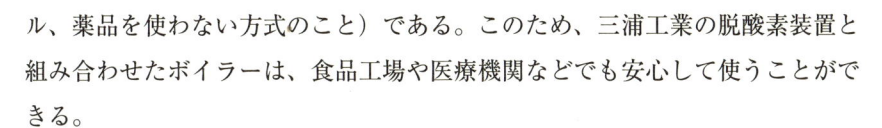

ル、薬品を使わない方式のこと）である。このため、三浦工業の脱酸素装置と組み合わせたボイラーは、食品工場や医療機関などでも安心して使うことができる。

　つまり、ボイラーのような生産財は、いくつもの機材をシステムとして組み上げて、初めて道具としての機能を発揮するわけだ。顧客から見れば、ボイラー単体の性能の問題よりも、システム全体の性能こそが重要なのだ。

## システムを売る提案営業

　三浦工業が、ボイラー単体でなく、ボイラー・システム全体の性能で勝負しているという点は、営業力の強さにもつながっている。もしボイラー単体で勝負しているのであれば、それはボイラーの性能と価格との対比の問題、つまりコスト・パフォーマンスでライバルと勝負することになる。おそらくは、激しい価格競争にさらされることになるだろう。

　しかし、顧客のニーズに合わせた多様なシステムを構築して提案するとなれば、システムの提案能力こそが、営業の勝負を決めることになる。三浦工業はこの点で、他社にはない強みを持っている。

　まず三浦工業がシステム全体をカバーしうる広い商品ラインナップを持っていることがあげられる。三浦工業の小型貫流ボイラーは、単体で使うというよりも、多缶設置してその時々に最適な出力を得るというシステムである。しかも脱酸素装置や軟水装置なども組み合わせたシステムとして使ってこそ、顧客にとって最適な道具になる。三浦工業にはこうした様々な製品群があり、それを組み合わせて、個々の顧客にとってベストなシステムを提案することができるのだ。

　もちろん、このベストなシステムを提案する能力というのは、製品ラインナップのみで決まるものではない。営業部門が顧客と接する中で、顧客の熱や蒸気に対するニーズをきちんと把握してこそ、提案が可能になる。顧客の蒸気の使い方を、診断チームが無料診断し、顧客に合わせたシステムを提案書にまとめて提案するという形が一般的である。また、関係づくりのために、MIセ

> 第2部　サービスによる新たな価値創造

### Column 11-1

## コモディティ化

　製品を、価格以外の点で差別化が困難になった状態を、コモディティ化と言う。ボイラー業界のように、ライバルが多くて競争が激しいにも関わらず、技術的な差別化の難しい業界では、コモディティ化が起こりやすいと予想される。

　楠木建（「次元の見えない差別化」『DIAMOND ハーバードビジネス』、2006年春号）は、コモディティ化は製品の価値次元の可視化によって起こるとしている。商品の善し悪しを判断する基準を顧客が明確に持つようになると、この商品は価格以上に価値があるとか、価格ほどの価値がないといった判断ができてしまう。そのため、企業は激しい価格競争にさらされることになる。

　メンテナンス・サービスは、脱コモディティ化にとって、きわめて重要な役割を果たしていると考えられる。まずメンテナンス・サービスの善し悪しという新しい評価基準で評価されることで、評価基準が多次元化する。さらに、顧客がオンライン・メンテナンスに依存するようになると、顧客はボイラーが今どのような状態なのかということを判断する能力を失う。つまり評価基準のブラックボックス化だ。そうなれば、売り手からのコンサルテーションがなければ、商品を判断したり購入したりするのが難しくなり、提案営業の有効性が増す。そしてボイラー単体ではなく周辺機器やメンテナンス・サービスが一体となっていることが重要なのだということが顧客に広く認識されるようになれば、もはやボイラー単体とは全く別の新たな商品カテゴリーとして認識されるようになる。こうなれば、ボイラー単体を評価するのに有効だった評価基準は、あまり意味をなさなくなる。本文で紹介した三浦工業のボイラーも、メンテナンス・サービスの成功によって、他社のボイラーとは全く異なった評価基準でみられることになったのである。このことが脱コモディティ化に大きく貢献していると考えられる。

ミナーと呼ばれる潜在顧客を集めたセミナーも積極的に活用されている。こうした関係づくり、情報収集の力も、ベストな提案をするための武器になる。

　またニーズがきちんと把握できたとしても、そのニーズは様々で、それにこたえるためには特注品が多くなることも考えられる。三浦工業では、製品の標

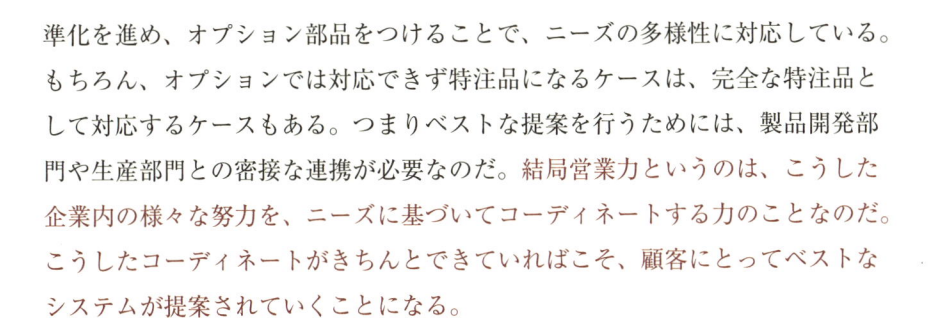

準化を進め、オプション部品をつけることで、ニーズの多様性に対応している。もちろん、オプションでは対応できず特注品になるケースは、完全な特注品として対応するケースもある。つまりベストな提案を行うためには、製品開発部門や生産部門との密接な連携が必要なのだ。結局営業力というのは、こうした企業内の様々な努力を、ニーズに基づいてコーディネートする力のことなのだ。こうしたコーディネートがきちんとできていればこそ、顧客にとってベストなシステムが提案されていくことになる。

## 3 生産財を支えるメンテナンス・サービス

さて、ボイラーとその周辺機器をシステムとして組み上げて、道具として十分な性能が発揮されるようになったとしても、その十分な性能が継続的に維持されなければ道具としては使い物にならない。つまり、道具として十分な性能を維持するためのメンテナンスが欠かせないのだ。三浦工業は、早くからこの点に着目している。

三浦工業は、1972年（昭和47年）にはZMP（Z-Maintenance Program）と呼ばれる有料のメンテナンス・サービスを始めている。しかし、日本企業では、こうしたメンテナンスは、メーカーが無料で行うものという意識が強い。サービスという言葉の裏には、無料で行うものというニュアンスが付きまとう。もちろん、サービスのために相応のコストがかかっており、サービスを行う企業にとっては大きな負担となっていることも少なくない。しかし、メンテナンスの過程で、販売した製品の故障などがわかれば製品の買い替えを勧めることができるし、そうでなくても顧客との関係を維持することができるので、次のチャンスをつかむためのコストと割り切って負担している場合が多い。

このような状況の中で、メンテナンス・サービスを有料で行うというのは、当時としては大変珍しいことであった。なぜ無料で当然と思われているものを有料化できたのか。考えてみると、これは大変不思議なことである。

三浦工業は、ZMPを製品販売時に製品の保証制度としてセットで販売を始

めた。もちろん、無料のはずのものを有料にするのであるから、顧客からの抵抗がなかったわけではない。しかし、この保証制度には、点検代や修理代だけではなく、部品代や本体交換代までが無料になる特典が含まれていて、お得感があった。しかも多くの企業が採用していた旧式の丸型ボイラーに比べれば、ZMPに加入してもトータルの費用は安くついたのである。丸型ボイラーにはボイラー技士を常駐させて管理させる必要があり、年に一度の法定点検の義務もあった。つまりランニング・コストが非常に高い製品だったのである。これを三浦工業の小型貫流ボイラーに切り替えれば、ボイラー技士を置く必要もなく、法定点検も不要になるので、ZMPに加入しても、トータルなコストはむしろ安くつく。このようにして、顧客のZMPへの加入が徐々に増え、金食い虫であったはずのサービスが見事に収益の柱に育っていく。2009年（平成21年）3月期現在、三浦工業ではメンテナンス部門の売り上げが、連結売上高全体の33.4％を占めるに至っている。

　そしてこのZMPが浸透していくと、メンテナンス・サービス事業は新たな段階に入る。それは1989年（平成元年）に開始されるオンライン・メンテナンス、ZIS（Z Intelligent System）である。ZMPは当初4カ月に1回の定期点検を行っていたが、このデータを解析して、故障が発生する前に故障を予知するシステムを作り上げたのである。ZMPで収集された情報を解析し、どこにどういう異常が発生すれば、どのような故障につながるのかということを解明した。システム開始当初で70以上の項目を自動的に監視するシステムが出来上がっていた。この70以上の項目を、24時間体制で監視。ボイラーに搭載された小型のコンピュータが判断し、異常があれば、メンテナンス拠点に自動で通報するという仕組みだ。

　このオンライン・メンテナンスは、サービスをより低コストで提供できるようになり、三浦工業の収益に貢献している。従来は顧客から異常の連絡を受けても、顧客は必ずしもプロではないので、メンテナンス要員が現場で状況を見るまでどんな異常が起きているのかわからないことが多かった。オンライン・メンテナンスなら、異常の状況が正確にわかり、少ない手間で迅速かつ正確な

対応ができる。

　またこれによって、三浦工業のボイラーなら安心だというイメージが浸透したことも非常に大きな収穫だ。もし仮にボイラーが止まってしまうと、それを使っている企業では、暖房が使えなかったり、工場の操業がストップしたりと、様々な弊害が出る。三浦工業のオンライン・メンテナンス・システムを使えば、そうなる前に手を打つことができ、大事に至らずに済むわけである。オンライン・メンテナンスの浸透で、このことの意義を顧客に理解してもらえるようになったことは、三浦工業にとってはとても重要なことだった。

　このメンテナンスは、先に述べた提案営業にも活かされる。既存顧客に対しては、メンテナンスのプロセスで得られたデータが重要な武器になる。現在の顧客のボイラーの使用状況や問題点が手に取るように分かる。これによって顧客への提案はよりニーズに合ったものになる。また三浦工業のボイラーなら安心だというイメージは、三浦工業からの提案を受け入れてもらえる土台になる。信頼関係ができていればこそ、良い提案が素直に受け入れてもらえるのであって、信頼関係がなければよい提案もできすぎた話だと相手にされないこともある。

　結局、生産財は道具なのだ。道具は、その性能の善し悪しもさることながら、その性能を維持するメンテナンスがあってこそ初めて真価を発揮する。三浦工業はメンテナンス事業を通じて、ボイラーそのものを提供するというよりも、「故障せず、止まらず、効率的に熱や蒸気を提供する」という、ボイラーの「生産財としての真の価値」を認めさせることができるようになったと言えるだろう。このことが三浦工業の成長に大きく貢献している。

# 4　おわりに

　一見、差別化の難しそうなボイラー業界で、なぜ三浦工業がシェア50％という圧倒的な強さを誇っているのか。それは同社の三位一体のビジネスモデルにあった。三浦工業では、製品技術と、提案営業、メンテナンスとを有機的に

> **Column 11-2**
>
> ### イノベーションのジレンマ
>
> 　たいていの製品は時間とともに性能や品質が上がっていくものだが、顧客が要求する水準を超えて性能や品質が上がってしまうこともよくある。これをオーバー・スペックと言う。オーバー・スペックになった製品は、性能を向上させても顧客がそれに反応しない。既に顧客の要求以上に高性能なのだから、それをさらに高性能にしても意味がないからだ。この状態こそがコラム11-1で説明したコモディティ化なのである。
>
> 　こういう状況では、むしろオーバー・スペックになった部分は性能を落としたほうが理にかなっている。実際、チャレンジャー企業はリーダー企業がオーバー・スペックになった領域では勝負せず、他の領域で優れた性能を発揮するような画期的な商品を開発して勝負する。
>
> 　リーダー企業も同じようにすればよさそうだが、たいていの場合、そうはできない。リーダー企業は、いったん成功した分野で、高い性能を発揮する製品を製造するような高度な生産設備や取引ネットワークを構築してしまっているのである。つまり既存製品に関連した利害関係者のネットワークが存在している。クリステンセン（1997）はこれをバリュー・ネットワークと呼んだ。バリュー・ネットワークが足かせとなって、いったんある方法でリーダーとなった企業は、その方法を強化し続けるしかなくなるのである。これがイノベーションのジレンマと呼ばれる状況である（クリステンセン『イノベーションのジレンマ』翔泳社、1997年）。
>
> 　製品を高機能化ないし高品質化するようなイノベーションでは、イノベーションのジレンマから脱出することは難しい。メンテナンス・サービスを充実させるなど、顧客の評価基準を変えるようなイノベーションこそが、イノベーションのジレンマから脱出するための有効な方策だと言えるだろう。

関連付けた同社のビジネスモデルを、三位一体のビジネスモデルと呼んでいる。この三位一体のビジネスモデルを確立したことこそ、三浦工業の成功の鍵だと言えるだろう。それは優れた製品を開発する技術力と、メンテナンス力、営業

力の3つが一体となったビジネスのしくみだ。

　特に、その中でも、メンテナンスの重要性をここで再確認しておこう。ボイラーのような生産財は、結局は道具なのだ。顧客は、何らかの目的があって、動力を得たり、熱や蒸気を得たりする必要がある。ボイラーはそのための手段なのだ。もしこの道具がうまく働かなくなれば、顧客のビジネスが止まってしまうことを意味する。そういうことがないように、道具は常にベストな状態に保たれていなければならない。三浦工業のボイラーなら、24時間体制の監視体制とそれと連動したメンテナンス体制が完全に整っている。このことが顧客のビジネスの円滑なオペレーションを保証してくれる。

　もちろん、三浦工業のボイラーは、小型貫流ボイラーを多缶設置するとか、軟水器などと組み合わせたシステムになっているという点も重要だ。またそうしたシステムとメンテナンスとを、顧客のニーズに合わせて提案していく提案営業の力も重要だ。

　しかし、ここはあえて、メンテナンスの重要性を、再度強調しておこう。私たちは、ビジネスの成否を、製品力や営業力に求めがちである。良い製品があれば、あるいは強力な営業部隊があれば、ビジネスはそれだけで成功すると思いがちだ。

　けれども、生産財は結局のところ道具であって、道具は常にベストの状態に保たれていなければ意味がないのだ。メンテナンスこそが、生産財ビジネスの成否のカギを握っているといっても過言ではない。

## ❓ 考えてみよう

1．三浦工業の三位一体のビジネスモデルとは、どのようなものか、書き出して整理してみよう。特に、三浦工業のメンテナンス・サービスは、三位一体のビジネスモデルにとってどのような意味があるのかを、考えてみよう。

2．三浦工業のメンテナンス・サービスは、なぜ有償化に成功したのだろうか。

その原因を考えてみよう。

3．あなたの身の回りに、メンテナンス・サービスを有償化できそうな商品があるだろうか。考えてみよう。

### 参考文献

クレイトン・M・クリステンセン『イノベーションのジレンマ』（玉田俊平太監修、伊豆原弓）翔泳社、1997年。

楠木健「次元の見えない差別化―脱コモディティ化の戦略を考える」『DIAMONDハーバードビジネス』、2006年春号。

### 次に読んで欲しい本

ルイス・V・ガーズナー『巨像も踊る』（山岡洋一・高遠裕子訳）日本経済新聞社、2002年。

# 第12章

# ヒトとモノによる価値創造
■セコム

1. はじめに
2. 警備保障サービスの誕生
3. 機械警備サービス
4. 安全保障業サービスの収益源
5. おわりに

## 第2部　サービスによる新たな価値創造

# 1　はじめに

　家屋の玄関などに警備会社のシールを見かける機会が多いのではないだろうか。テレビを見ていても、警備会社のコマーシャルは思いのほか多い。こうした警備保障というのは一体、どのようなサービスなのであろうか。警備保障というと、すぐに思い浮かぶのは、アメリカの大統領など要人の警備を行うシークレット・サービスや大きなビルに常駐しているガードマンの仕事であろう。このような警備を行う仕事は警備保障会社のサービスに違いはないが、本章では、警備の仕事を一般家庭向けに展開している代表的な企業であるセコム株式会社（以下、セコムと略す）を取り上げる。警備保障サービスはどのように収益を生んでいるのか、また、他社が行うサービスとセコムが行うサービスは何が違うのか、本章では、こうしたセコム社の安全保障サービスについて考えてみる。

　安全保障サービスの主な役割は、家屋への不審者の侵入を未然に防止し、万が一、侵入者があった場合、その家に駆けつけて住人の安全を確保することである。セコムのサービスの特徴は、不審者の警備を人が行うのではなく、機械、すなわち、数々のセンサーを活用することにより、人間に代わって、24時間、機械が安全を見守る仕組みを作り上げたことである。本章では、2つの観点よりセコムのサービスを考えてみる。まず、セコムの機械警備は、競合企業にはなぜ真似できないのかという点である。警備保障を行う企業は非常に多い。しかし、セコムのように機械警備の比率が高い企業は少ない。多くは、人的警備を中心にしている。次に、このような防犯用センサーは電気店などで大量に販売されており、家主は自分で取り付けることによって安価に機械警備を行うことも可能なはずであるのに、セコムに委託するのはなぜなのかという点である。

## 2 警備保障サービスの誕生

### 警備保障業界の概要

　2007年（平成19年）3月期、セコムの売上高は、単体3,260億円・連結6,139億円、経常利益は、単体765億円・連結1,027億円と、1962年の創業以来、連続46期増収という好調を誇っている（**表12-1**参照）。「水と安心はタダ」と言われるように犯罪率の低い日本の中で、セコムは「警備保障」という事業分野を確立した。セコムや業界2位の綜合警備保障の創業1965年（昭和40年）以後、警備業界が社会に受け入れられたあとで、日本では警備業法が1972年（昭和47年）に成立した。以後、警備業は産業として成長を続け、1990年（平成2年）には約1兆円、2005年には約3.5兆円の市場規模となっている。

【表12-1　主要な経営指標等の推移】　　　　　　　　　　（単位：百万円）

|  | 2003 | 2004 | 2005 | 2006 | 2007 |
|---|---|---|---|---|---|
| 売上高 | 523,271 | 527,409 | 547,230 | 567,315 | 613,976 |
| 経常利益 | 70,063 | 76,243 | 83,478 | 96,669 | 102,720 |
| 当期純利益 | 35,583 | 41,111 | 48,517 | 52,994 | 58,299 |

出所：セコム社HPより抜粋引用

　人が常駐・巡回する従来の警備方式の限界を見越し、機械警備「SPアラーム方式」をいち早く開発し、その後はそれ一本に絞ったセコムは、業界2位の綜合警備保障と第3位のセントラル警備保障を売上高や経常利益で大きく引き離し（**表12-2**参照）、業界内でトップの地位を確立している。2007年には約9,000社の警備業企業があるが、上場しているのは、セコムと綜合警備保障とセントラル警備保障を加えた3社のみである。警備保障という分野を産業として確立し、創業以来この業界でトップとしての地位を不動のものとしているセコムという企業の強さの源泉は、どこにあるのだろうか。

# 第2部 サービスによる新たな価値創造

**【表12-2　警備産業他社（一部上場企業）との比較資料】**

綜合警備保障（業界2位）の主要な経営指標　　　　　　　　　　（単位：百万円）

|  | 2002 | 2003 | 2004 | 2005 | 2006 | 2007 |
|---|---|---|---|---|---|---|
| 売上高 | 246,304 | 248,385 | 249,241 | 257,789 | 267,545 | 276,560 |
| 経常利益 | 16,558 | 18,396 | 15,490 | 11,592 | 13,102 | 16,917 |
| 当期純利益 | 6,686 | 7,549 | 17,752 | 4,951 | 5,550 | 7,558 |

注：綜合警備保障の株式上場年度は2002年。なお、2004年3月期は厚生年金基金の代行部分を返上したことに伴い、19,666百万円の特別利益を計上している。
出所：綜合警備保障HPより抜粋引用

セントラル警備保障（業界3位）の主要な経営指標　　（単位：百万円）

|  | 2003 | 2004 | 2005 | 2006 | 2007 |
|---|---|---|---|---|---|
| 売上高 | 28,014 | 28,529 | 30,858 | 33,004 | 34,387 |
| 経常利益 | 1,289 | 1,387 | 1,209 | 1,400 | 1,569 |
| 当期純利益 | 751 | 677 | 531 | 792 | 922 |

注：セントラル警備保障の株式上場年度は2004年。
出所：セントラル警備HPより抜粋引用

## セコム創業の経緯

　セコムの歴史は、1962年（昭和37年）までさかのぼることができる。この年の7月7日、飯田亮と戸田寿一が中心となって、東京都港区に日本で初めて、安全を売る会社、日本警備保障株式会社が設立された。設立者の飯田亮は当時29歳、家業の酒問屋を手伝っていたが、いつか事業を起こしたいという夢を「日本初の警備保障会社」で実現したのである。現在、取締役最高顧問である飯田亮は、セコムを語るときに欠くことのできない人物である。彼の事業に対する理念が、安心・安全を売る企業を創業することにつながり、以降、長期にわたってセコムを支えている。飯田亮が収益だけを目指す事業家でないことは、数々の著書の中で語られる創業の逸話からも明確だ。
　飯田が、警備保障を始めるきっかけになったのは、1961年（昭和36年）の冬

に、「日本では社員が交代で宿直したりしているが、ヨーロッパではその仕事を警備専門の会社が請け負っている」という話しを友人から聞いたことである。飯田は話を聞いた瞬間に、まず、「誰もやっていない」と思い、次に「恥ずべき仕事ではない」、そして「やれば、もしかしたら大きくなれるかもしれない」と思って、心が震えたという。

この飯田の話から、彼の脳裏に最初に浮かんだのは、誰もやっていないという事業家としての独自性の追求、次に、恥ずべき仕事ではないという社会的意義を事業に求める心、そして、収益性や規模の拡大という視点は最後だったことがうかがえる。つまり、事業として誰もが行っていないことで、しかも社会的意義があることを事業として立ち上げ、結果としてそれが収益につながることを飯田は重視していた。この飯田の理念を実現できるのが、「警備保障」という、当時日本では事業として成り立つと考えられていなかった誰もやっていない、しかも安全という社会的意義が高い事業分野だった。

# 3　機械警備サービス

## ◆ SPアラーム発売

日本では警備保障会社の担当社員が、何かあったときには現場に急行すること、なにもないときには機械警備にまかせることが、警備保障サービスの1つの形態として定着しているが、その仕組みを初めて事業化したのがセコムだ。現在のセコムのセキュリティ事業では、契約先に異常があった場合は、現場に専門の担当社員が駆けつけることになっており、それがセコムの安心・安全サービスの基盤となっている。しかしこの方法は、セコムの設立当初からとられたスタイルではなかった。設立当初は、いわゆる常駐・巡回サービスと呼ばれる、セコムの社員が警備を請け負った企業に常駐して警備する、あるいは定時に契約先の安全確認のために巡回に訪れるというサービス形態であった。これは、自社の社員が自社内に泊まりこみ警備にあたるということと、サービス

提供という従来の視点でとらえると、担当する組織が異なるだけで、人が現場で巡回するという警備サービスの形態そのものには大きな違いはなかった。

1966年（昭和41年）、セコムは、日本初の機械警備システム「SPアラーム」の発売をした。これが、その後の会社の方向性だけでなく、日本の警備保障業界のあり方に大きな影響を与えることになった。この機械警備という考え方は、飯田が会社の成長に伴い、社員数の増加と管理に危惧を抱いたことに起因している。契約先の安全を守る警務士（設立当初から警備にあたる担当社員を警務士と名づけていた）について、一定の品質を保証できるものがない、だから、誰がやっても変わらない品質にすることが重要だと考えた。機械を用いることで品質を保証し、人的資源を有効に使う、機械と人間の長所を組み合わせた警備方法をシステムとして確定していなければならないと、常駐や巡回サービスが好調だった1964年（昭和39年）、飯田は機械警備システムの開発を思い立った。

警備に必要なドアや窓などにセンサーを取り付けておけば、誰かが開いたときに通信回線を使って電気信号を送れる。この信号は不審者が建物の中に入ったことを意味するから、そのときに警務士が信号の送られてきた現場に駆けつければよいというコンセプトで警備が可能になるというのが機械警備システムである。

### ◆ 機械警備サービスのメリット

1966年発売された「SPアラーム」の大きな特徴は、機械の売り切りではなく、レンタル方式になっていることであった。売り切りは、契約時に現金が入るために経営的には楽である。一方、将来の投資を考えると、契約時に保証金をもらい、前金のレンタル代金という仕組みは、キャッシュ・フローが回って、次の投資が容易にできる方法だ。またレンタルにすると、機械の償却が終われば、契約が継続する限り利益が上乗せされるので、セコムの連続増収に自然に結びつく。このようにレンタル方式は、短期的に多くの収益を上げることより、長期継続的な収益を選択する事業方法である。

機械警備方式は、人と機械、両者のメリットを生かす相乗効果が期待できるため、単に機械の開発や人の教育だけでは、模倣が困難であり、高付加価値を生み出しセコムの競争優位性の大きな要因となっている。機械そのものの故障情報をレンタル方式だからこそ自社に蓄積しその後の開発に生かすことができ、機械の誤作動や誤報を減らすことができるという情報蓄積に基づく改善努力が、人の出動の精度を上げた。誤報が減れば、より短時間に担当社員が現場に急行できるという精度の高い安心・安全サービスの提供が可能になっている。さらに、機械警備方式は、一ケ所の管制センター（顧客からの通報が集まり、その通報に基づき現場急行の指令を出す部署）が複数の営業所を統括する方法で運用できるため、契約件数が増えれば増えるほど、1人当たりの生産性は向上する仕組みとなっている。先述の誤報の減少は、出動そのものの精度のアップにつながり、同じ人数でも、より多くのサービス提供箇所の担当が可能になる。したがって、機械警備「SPアラーム方式」をいち早く開発し、その後はそれ一本に絞ったセコムは、業界の中でトップの地位を確立し、現在でも2位以下を大きく引き離した飛びぬけた存在となっている。

## 4 安全保障業サービスの収益源

### ◆ セコムのサービスの特徴

機械警備は、人と機械の良さを組み合わせてこそ成り立つサービスだ。したがって、現場にかけつける人（設立当初は警務士といわれたが、現在ではビートエンジニアと呼ばれている）が、サービスの質を大きく左右する。飯田氏は警備サービスの品質保証で苦慮し、機械警備という仕組みを開発したが、やはりこの点をすべて解決することはできていない。そこで重要となるのが、働く人の行動をどのように規定するのか、顧客が求めるようなサービス品質をいつも保てるようにする方法は何か、常に顧客中心ということである。社内に明記されて共有されているものとして、まずあげることができるのが、1983年（昭

和58年）12月に制定された以下のセコム要諦十箇条である。
 (1)　セコムは安全文化を創造する
 (2)　セコムは常に新しく革新的
 (3)　セコムは自らの手で、自らを変化させ、誰もが変革の担い手である
 (4)　セコムはよく考える集中力と、より速く行動する習慣を育む
 (5)　セコムは強靭な意志と明快なシステム志向を重視する
 (6)　セコムは妥協を排し、正しさを追求する
 (7)　セコムは最高の安全を提供する
 (8)　セコムは顧客に心の平和を与える
 (9)　セコムはプロフェッショナルであることを真価とする
 ⑽　セコムは可能性に挑戦する

　これは、1962年（昭和37年）の創業以来培われたセコムの行動原理を基盤として、セコムグループの発展と社員の人間的成長を達成するための共通の理念として、社内で位置づけされている。この要諦が制定された1983年（昭和58年）、セコムは社名を日本警備保障からセコムに変更している。これは、「機械と人を組み合わせたマン・マシン・システムで安全・安心を提供していた業務の実態と社名がそぐわなくなっている。また、今後の情報通信ネットワークを利用したビジネス転換を考えると日本警備保障という社名だけでは浸透しない」という飯田の考えに基づくものだ。この社名変更に先立つ1981年（昭和56年）1月、セコムはセキュリティ事業を家庭へと展開している。「マイアラーム（後のセコム・ホームセキュリティ）を発売し、事業所対象であったセキュリティ事業の契約先を広げ、一般家庭へ「安心・安全」を提供することを始めた。また、1982年（昭和57年）6月には、静岡県御殿場に人材開発の拠点、セコムHDセンターを竣工している。人材育成のための施設の充実と教育のプログラムの整備に力をいれている。

　このように事業展開の内容の広がりと規模拡大に伴って、社名を変更し、組織の内と外のイメージの一致を目指し、社員の資質の向上を図るために投資したことは、「マン・マシン・システム＝機械ができることは機械に、人にしか

## Column 12-1

### 企業理念

　企業のパンフレットやホームページを開くと、企業理念が必ず書かれている。企業理念とは、企業経営責任者（多くの場合、創業者）が、自社の存在意義や社員の行動規範をまとめたものである。こうした企業理念は経営のために大切だということは漠然とは理解できるが、何故、必要なのであろうか。企業は、立案した目標を達成するために意思決定を行い、活動を継続しながら成長していく。経営者は、企業が成長していく段階で様々な意思決定を行っており、その成功経験を社員や後継者に伝えていくことにより、企業の将来の成長を確実なものにしたいと思っている。また、過去に経験した失敗に対して、二度と陥らないよう、教訓として伝えることもある。こうした思いを、社員が共感できるよう簡潔にまとめたものが企業理念である。企業によっては、経営理念、ミッション、ビジョン、社是、社訓などという用語が使用されることもあるが、意味するところは同じである。

　行動規範、行動指針といった言葉もよく聞くが、これらの言葉は企業理念に類する言葉とは少し意味が異なる。行動規範とは、企業経営にたずさわるトップの経営層だけではなく、社員全員の企業のために行う行動についての基本的な考え方を示したものである。したがって、企業理念を上位概念として行動規範が制定されている。企業は、成長することによって存続する。企業理念や行動規範がなければ、目標を正しく、明確に導くことが困難になってしまう。目標が明確でなければ、その目標を達成するための事業戦略や、その事業戦略を成功に導くための製品戦略、マーケティング戦略といった課題設定ができなくなる。このように、企業理念とは、会社が成長し、長く存続するための指針を示すものであり、あらゆる戦略立案の基本方針となるものである。理念は、企業以外の組織においても、たとえば、学校、クラブ、家庭にいたるまで組織活動をする場合の重要な指針なのである。

できないことは人に」というセコムの安心・安全のためのサービス提供のあり方の基盤をなすものである。そして、セコムの要諦の制定は、社員の行動を支える理念を明確にし、セコムの業務を飯田の設計通りに動かすために、社員に

よる理念の共有に基づき組織をスムーズに動かすことを意図していたといえよう。

## セコムの事業と運営の憲法

　セコムには、人に共有されるべき理念や行動規範だけでなく、事業に対する理念を反映した、新規事業立ち上げにクリアしなければならないセコム事業五箇条がある。

(1) セコムの提供する社会サービス・システムは、人々の安心のためのサービス・システムである。この基本からはずれる事業は行ってはならない。実施する事業が目的に合致することであっても、派生的に社会に有害なものの発生が予測されるものは行ってはならない。

(2) セコムの行う社会サービス・システムは、高度な技術に立脚した革新的・最良のものでなければならない。

(3) 他のいかなる組織が実施するよりも、セコムが事業化し、実施することが最適であるとの判断が重要である。

(4) セコムは、常に社会の変化を継続的に注視し、能動的に社会の変化に先駆けて、社会サービス・システムを準備し、実行する責任を有する。あきらめることなく果敢に挑戦し実現させるべきである。

(5) 自らの努力、苦労を感じるため、妥協的に他の組織と提携するようなことは決してしてはならない。

　この五箇条は、1992年（平成4年）7月、セコムの創業30周年を機に、飯田がセコムグループの幹部社員向けに執筆し小冊子にして配布された「セコムの事業と運営の憲法」に運営十箇条とともに記載されている。収益性から考慮すると、よい案件であってもこの五箇条と一致しないものは、一貫して事業化が見送られてきた。これは、セコムが「社会システム産業＝社会にとって有益なシステムやサービスをトータルに提供する産業」を構築し、将来「いい仕事をしている会社ですね」との言葉を多くの人から受けたいという創業者の飯田の思いが込められている。次世代、そしてその次の世代の社員にも、「セコムで

す」と言った時に同様の評価を得させたいと、飯田は考えている。

したがって、セコムの基本理念である「社会に有益な事業を行う」を常に考えの根底にすえ、事業の選択を行うべきであり、いささかも逸脱してはならないとして、五箇条を定めている。飯田の創業の理念は、現在だけではなく、将来のセコムの事業を支える指針となるように、新規事業の立ち上げに関しても必ず守るべきものとして明文化されている。

## ◆ サービスによる収益の源泉

同業他社を引き離すセコムのサービスの収益性の高さの源泉はどこにあるのだろうか。

① 機械警備という技術的模倣困難性
② レンタル方式によるキャッシュ・フロー
③ 行動規範と理念の共有に裏付けられた人材育成
④ 新規事業のシーズの選択と市場の創出

以上が考えられるセコムのサービスの優位点であり、収益の源泉となっている。セコムは、従来の常駐や巡回型の警備保障ではなく、企業がサービス購入者の鍵を預かり、問題が生じると現場に急行するという機械警備という仕組みを世界で初めて確立した。セコムは、現場での機器の性能、現場により早くかけつけるための全国拠点の整備、現場にかけつける人材の質により、継続的かつ一定の品質を保証したサービスを提供している。この仕組みを構築するためには、拠点を作る資金力の必要性はもちろんのこと、誤出動を減らしサービスの精度を上げるために人と機械の最適な組み合わせを模索する長期間のノウハウの集積とそれに基づく暫時の改訂が必要である。まさに模倣困難性の高い事業である。

また、機器レンタルにするという方式は、短期的な収益にはつながらないが、長期的なキャッシュ・フローを保障する仕組みである。機器の開発というリスクを伴い困難な部分はセンサーを製造する企業との共同開発をするため、負担が小さい。一方、拠点の整備、人材育成など長期的に投資が必要なセコムの財

## Column 12-2

### 新事業

　企業は創業されてから、どのように成長していくのであろうか。企業が存続し、繁栄するためには売り上げを伸ばし、収益を上げていかなければならない。そのためには、既存の事業を伸ばしていくことはもちろんだが、新たな分野へも進出していく必要もある。新事業を行うためには新たに社員も増やさなければならない。このように企業が成長のために新たに行う活動を新事業といい、そのために必要になるのが新事業戦略である。

　企業が成長するプロセスは、垂直統合、多角化、国際化という概念より説明されることがある。垂直統合とは、サービスやものづくりの源流側の活動を自社に取り込むような川上統合と、代理店や販売店といった流通企業にその販売を任せていたものを自社で行うようにする川下統合から説明される。次に、既存事業から新事業を立ち上げていくことを多角化という。国際化は、自国市場で営んでいた事業を他国市場に展開することである。新事業とは、企業の成長プロセスに深く関与しており、企業が成長するために不可欠な活動である。

　新事業を行うためには、基礎研究を行い原材料から自社で生産するのか、あるいは、アウトソーシングによって他社から購入するのか、さらには、その販売を自ら行うのか他社に任せるのかといった、垂直統合度合いの決定は重要な経営判断となる。また、活動を行う分野をどこまで増やすのかといった多角化の度合いを決めるのも重要な経営判断である。こうした垂直統合度と多角化の程度を包括する概念が事業ドメインである。企業の新事業戦略とは、この事業ドメインをどのように拡大するかを考えることに他ならない。

　企業では、新事業を行うためには多額の資源投資が必要なため、その成否によって企業の浮沈を決めてしまうことになる。セコム社の場合、企業理念や行動規範はこうした新事業の重要性を認識した上で、その判断を誤らないよう創業者が制定したものである。

務体質を強靱に支えている。このレンタル方式にはキャッシュ・フロー以外のメリットもある。顧客のところに設置された機器はセコムに所有権があるため、

機器の取替えや修理などが容易にできる。これは、機械警備の優位性の源泉である機器の性能を上げることにもつながっている。

現場に急行する社員の育成は、サービスの質を保証する重要なポイントである。そのために、理念の共有の教育は徹底してなされている。セコムでは、警備業法で定められた時間より多く人材育成のための教育時間をとり、正しさの追求をベースとした教育は繰り返しなされている。さらにこうした努力の結果、人材の質が担保されているために、現場急行サービスの質を維持し、顧客の支持を集めている。

安心・安全は、社会にとって欠くことのできない基盤である。日本では当たり前のように思える警備保障事業だが、それは45年以上前のセコムの創業に端を発した。その後、警備機械方式として人と機械の最適化の組み合わせの事業システムを世界で初めて確立した。この背景には、創業時から流れる正しさの追求に基づく新規事業の選択がみられるのである。

# 5 おわりに

セコムの安全保障サービスについて、生い立ちから、その発展、収益を上げるまでを見てきた。本章の締めくくりとして、セコムのサービスの特徴をまとめてみよう。安全保障というのは人の安全を確保するサービスである。つまり顧客は、安全が保障される安心感に対して対価を支払う。このような安全保障サービスには、人が行うという"常識"がつきまとっていた。しかしながら、24時間、人が張り付いて警備することは、よほどの要人でない限り経済的に無理であろうし、またプライバシーの問題も起こる。セコムは、こうしたサービスを、できるだけ多くの人が支払えるような金額で提供できるよう、専用の機械を開発し、緊急時に警備員を急行させるシステムを確立した。このような機械と人による警備の信頼性を高めるためには、機械の改良、設置場所、設置方法、作動状況など、実際にサービスを提供しながら、知見を蓄積する必要がある。また、有事の際、機械の作動から警備員が駆けつけるまでのプロセス、誤

動作の際の対応など、顧客満足を得るために克服しなければならない人が行うオペレーションの質の向上も重要な要素である。

　サービスの経営には、機械と人が行う部分とを上手く切り分けながら、顧客満足を損なわない仕組みが必要である。より高性能な機械の開発、より質の高い警備員の育成といった1つひとつのサービスを構成する仕組みについても企業理念が浸透し、こうした理念を中心に意思決定が行われる企業風土が定着している。このように、セコムは、高度な技術、優れた人材、それらを支える企業理念という、他社に真似されない仕組みでサービスを構成していることにより、高い収益を上げているのである。

### ❓ 考えてみよう

1. 綜合警備保障の安全保障サービスの特徴を調べセコムと比較し、どこに相違点があるのかを調べてみよう。
2. 一般家庭以外で、警備保障サービスが役に立つ場面を考えてみよう。そのときに、機械警備はどのように応用できるのかについて考えてみよう。
3. 防犯用の機械（センサー）を作っている企業が、安全保障サービス業に参入することは可能であろうか。そのときに最も重要なポイントとなるのはどのような点かを考えてみよう。

### 参考文献

三品和弘『戦略不全の因果』東洋経済新報社、2007年。
セオドア・レビット『マーケティング発想法』（土岐 坤訳）ダイヤモンド社、1971年。

### 次に読んで欲しい本

飯田亮『世界のどこにもない会社を創る！―セコム創業者の痛快な人生』草思社、

2007年。
藤田田『成功の法則―勝てば官軍』KKベストセラーズ、1996年。

# 第13章

# 需給調整による価値創造
■パーク24

1. はじめに
2. パーク24のタイムズ事業
3. 稼働率のマネジメント
4. 今後の取り組み
5. おわりに

◆ 第2部　サービスによる新たな価値創造

# 1 はじめに

最近、居酒屋で「ハッピーアワー」という表示を見ることが多くなった。「午後5時までにご入店のお客さまには、ビール半額」といった内容だ。安さにつられて、少し早めに飲み会を始めたくなる。これは、お客さんの少ない時間帯にお客さんを呼び込もうとする工夫である。

また、同じ居酒屋へ金曜日に行くと、店員に「2時間制でお願いします」と言われ、2時間経つとラストオーダーになってしまう。これは、お客さんの多い時間帯に、効率的に売上を伸ばすための工夫である。

これらはいずれも、限られた席数の居酒屋が、最大限の売上を上げるために行っている施策である。サービス業では、製造業のように大量生産ができない。したがって、限られた供給能力で利益を稼ぐために、需要と供給をコントロールするさまざまな工夫が施されている。

時間貸し駐車場のパーク24もその1つである。「Times」の看板の駐車場に自動車を停めたことがある人もいるだろう。また、自動車の免許を持っていなくとも、「Times」の黒と黄色の看板を見たことはあるはずだ。何の変哲もない駐車場に見えるが、その背後には需要と供給をコントロールするための驚きの仕組みがある。

本章では、パーク24の事例を通して、需要と供給のマネジメントについて考えてみよう。

# 2 パーク24のタイムズ事業

### ◆ パーク24の概要

パーク24株式会社は、駐車場の運営や、駐車場の管理受託を行う駐車場の総合プロデュース企業である。創業は1971年（昭和46年）で、前社長の西川清

第13章　需給調整による価値創造

【写真13-1】

写真提供：パーク24株式会社

が起業した。

　同社は、創業当時から時間貸し駐車場事業を行っていたわけではない。西川前社長が最初に手がけたのは、駐車禁止の看板の販売だった。店舗の前によく置かれている「出入口につき駐車しないでください」と書かれたあの立看板である。売行きは悪くなかったが、成長性に疑問を持ち、同じ交通に関連している駐車場機器の販売に主力事業を移していった。当時、病院の駐車場は不正駐車が多く、外来患者が駐車できない状況にあった。そこに目をつけた西川前社長は、大病院に売り込みをかけて、国立国際医療センター、慶應大学病院、聖路加国際病院など主要な病院の駐車場に日本信号が開発した「パークロック・システム」という無人管理型の駐車メーターを販売していった。

　看板の販売、駐車メーターの販売を経て、同社は、1991年（平成3年）に自ら24時間無人時間貸し駐車場事業に進出する。これまでは、店舗や病院が顧客であったが、駐車場利用者が顧客になった。また、これまではモノを販売してきたが、サービスを提供することになる。まさに、サービス事業者になったわけである。

### 第2部 サービスによる新たな価値創造

　最初の時間貸し駐車場を台東区にオープンさせてから約20年、右肩上がりで駐車スペースを増加させてきた。2009年（平成21年）10月末日現在、261,471台の駐車スペースを持つまでになった。駐車場物件の開発数が増加するのに連れて売上高も拡大してきた。営業利益は、2008年こそ人員増強による人件費の上昇と本社移転による賃借料の増加で減速したが、2009年には回復基調に戻している。

**【表13-1　パーク24の沿革】**

| 年 | 事項 |
|---|---|
| 1971年 | 創業（ニシカワ商会） |
| 1985年 | パーク二四株式会社を設立 |
| 1990年 | 日本信号株式会社と販売代理店契約を締結 |
| 1991年 | 台東区にロック付無人駐車料金徴収装置による24時間無人時間貸駐車場の第一号運用を開始 |
| 1993年 | ニシカワ商会がパーク二四株式会社に営業譲渡 |
| 1997年 | 店頭登録 |
| 1999年 | 東京証券取引所市場第二部に上場 |
| 2000年 | JR川崎駅前にビル型駐車場「タイムズステーション川崎」を開業　東京証券取引所市場第一部に上場 |
| 2003年 | タイムズクラブ発足 |
| 2004年 | タイムズの満空車情報を交通情報配信システムに提供開始 |
| 2005年 | タイムズビジネスカードを導入 |
| 2006年 | 韓国と台湾に進出 |
| 2007年 | 交通乗車ICカードを利用した乗車履歴連動のパーク＆ライド（利用者登録制）を開始 |
| 2008年 | ITS事業企画株式会社の株式を取得 |
| 2009年 | 株式会社マツダレンタカーの株式を取得 |

出所：パーク24株式会社ホームページより筆者抜粋

### タイムズ事業

　パーク24の中核事業は、24時間無人時間貸し駐車場を中心にした事業である。同社ではこれを「一般タイムズ事業」と呼んでいる。これは、遊休地に無

第13章　需給調整による価値創造

【図13-1　連結売上高と連結営業利益の推移】

出所：パーク24株式会社ホームページより筆者作成

【図13-2　直営タイムズ駐車可能台数の推移】

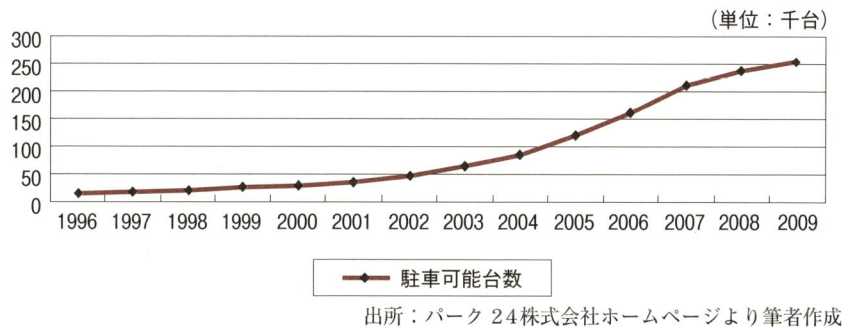

出所：パーク24株式会社ホームページより筆者作成

人管理機器「パークロック」を設置し、15分もしくは20分単位で、買物客やビジネス客に駐車スペースの時間貸しを行うものである。

　駐車場の入り口には、黄色の背景に黒字で「Times」と書かれた看板があり、人目を引く。典型的な駐車スペースは、面積が約100平方メートルで4～5台の自動車が駐車できる。たった1台だけの駐車場もある。地域性や立地によって料金体系は異なるが、東京都内の駅周辺などでは15分もしくは20分あたり100円で、夜間は1時間100円といった料金体系が多い。

　土地の調達形態は、パーク24が土地所有者から土地を賃借して駐車機器を

■第2部　サービスによる新たな価値創造

**【図13-3　タイムズ事業のビジネスモデル】**

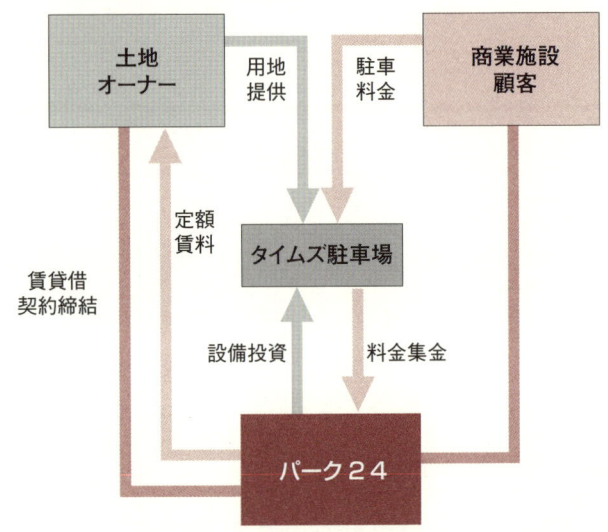

```
土地         用地    駐車    商業施設
オーナー      提供    料金    顧客
   ↑          ↓     ↑
   │定額      タイムズ駐車場
   │賃料
賃貸借        ↑      ↑
契約締結    設備投資  料金集金
   │          │      │
         パーク24
```

出所：パーク24株式会社ホームページより筆者加筆

設置する「賃貸方式」である。土地所有者との契約では、土地賃借料を定額で設定するので、土地所有者は、駐車場の利用者が多くても少なくても安定的な収入が得られる。一方、事業リスクは、パーク24が負うことになる。

## 3　稼働率のマネジメント

### ◆ 稼働率の重要性

　パーク24は事業リスクを負っているので、駐車場を空いたままの状態にせず、自動車が長時間駐車している状態にしなければ利益が出ない。すなわち、駐車場の稼働率を高めなければならない。
　稼働率とは、需要を供給能力で割ったものである。ただし、稼働率にもいろいろある。機械の稼働率であれば、稼働時間を操業時間で割って計算する。その他にも、人の稼働率や設備の稼働率もある。

# 第13章 需給調整による価値創造

　ホテル業界では、客室の稼働率に注目する。客室稼働率は、宿泊のあった部屋数をホテルの全部屋数で割って求める。タクシー業界では、「実車率」という指標を使っている。お客を乗せて走行した距離を全走行距離で割ったものである。50％が1つの目安になっているようである。クレジットカード業界では、「カード稼働率」という数値がある。実際に使われているカードを発行カード数で割って求める。

　各産業で、さまざまな稼働率があるが、基本的には、数を増減させるのが難しいボトルネックとなっている経営資源を対象にした稼働率を利用している。ホテルビジネスでは客室、タクシービジネスでは自動車がボトルネックとなる経営資源である。供給量は、このボトルネックの経営資源の量に依存するので、その稼働率が利益を大きく左右するのである。

　タイムズ事業では、供給量は土地に依存する。したがって、賃借した土地をいかに有効に利用するかが、成功の鍵となる。パーク24では、稼働率は、24時間のうち何時間駐車されていたかで求める。稼働率は拠点ごとに計算され、担当者は自分の担当する駐車場のそれをリアルタイムで見られるようになっている。稼働率が1％変化すると億単位で利益が変動する。経営陣とマネジメントクラスは、経営上、最も注目すべき指標として注目している。

　それでは、パーク24がタイムズ事業で、どのように需要と供給をマネジメントして、稼働率を高めているかを見てみよう。

## ◆ 供給のマネジメント

　まずは、供給能力をどのように調整しているか見てみよう。

　第1に、パーク24では、立地の選定方法にノウハウを持っている。稼働率が良さそうな土地を調達するのである。そのためには、その土地がどのくらいの稼働率になるのかを評価できなくてはならない。評価するときには、まず、その土地から半径50〜200mの範囲の施設を調査する。車を利用してきた人間は、200m以上離れたところへは歩いていきたがらない習性があると考えられているからだ。したがって、その範囲に商業施設やマンション、オフィスなど

があると需要が多い。次に、競合する駐車場とその駐車可能台数を調べる。そして、これまで蓄積してきた既存駐車場のデータを加味して評価するのである。駐車場に設置してある精算機には、TONICというオンライン情報システムがつながっており、リアルタイムで駐車開始時刻や終了時刻などのデータが蓄積されている。このデータを分析することによって、昼間にどのくらいの稼働率で、夜間はどのくらいになるかを予測できる。TONICでは、検討している立地をデータ登録すると、地図の専門会社から提供された最新の地図上に現れる。その周辺の商業施設や既存の駐車場も表示されている。この仕組みは、データ蓄積が進めば進むほど予測の精度が上がるのである。

具体的には、稼働率を予測するというよりも、採算が取れる稼働率を維持できるのは何台までかという観点で評価している。ある駐車場用地を土地所有者から紹介され、その土地の広さが最大4台分の駐車が可能だとする。そして、需要、競争のデータを過去のデータと見比べた結果、3台までなら採算が取れる稼働率が維持できるが、4台だと採算が取れる稼働率は維持できないとする。

そこで重要になるのが、第2の対応策である。それは、時間貸し駐車と月極駐車とをミックスすることである。上記の例であれば、1台分を月極駐車にすれば、3台分の稼働率は採算ラインを上回り、残りの1台分は月極なので稼働率を気にする必要はない。よって、トータルの採算は合うわけだ。

第3に、精算機のシステムのトラブルを素早く発見し、修理している。故障が24時間放置されていると、その日の稼働率は0％であり、かなり大きな利益の損失である。発見の方法は、TONICである。データを見ていると、突然稼働率が下がることがあるが、その原因は、機器の故障であることが多い。また、駐車場のメンテナンスサービスを担当している社員からの情報や顧客相談窓口にかかってくる電話の情報からも、故障情報は入ってくる。

### ◆ 需要のマネジメント

次に、需要の調整をどのように行っているか見てみよう。

第1に、先にも触れたTONICの活用である。TONICは、駐車場ごとに稼

## Column 13-1

### 待ち行列

　自社の供給能力を効率的に活用するには、顧客を待たせておけばよいが、あまり長く待たせると、顧客はあきらめて去っていく。したがって、待たせる時間を少なくすることが必要であるが、それにも限界がある。そこで、実際に待つ時間は変わらなくても、顧客が長く感じないように工夫しなければならない。

　顧客が長く感じる待ち時間の特徴は、以下の通りである。

　①何もしないで過ごす、②事前・事後（例えば、食事の後の精算）のことで待つ、③不安な状態にある、④どれだけ待つのかわからない、⑤待つ理由がわからない、⑥不公正さを感じる、⑦サービスの価値の低いものを待つ、⑧１人で待つ、⑨身体的に不快・苦痛な状態にある、⑩不慣れなところで待つ

　待ち時間をできるだけ短く感じさせるため、企業は様々な工夫をしている。

　①への対策としては、例えば、クリスピークリームドーナッツでは、行列に並ぶ顧客にドーナツを配って、無為に待ち時間を過ごさせないようにしている。

　④への対策としては、ディズニーランドなどのテーマパークでは、行列の最後尾に、待ち時間を記したプレートを提示している。

　⑤への対策としては、航空会社や鉄道会社が、飛行機や列車の遅延の原因をアナウンスする例がある。

　⑥への対策としては、銀行は顧客をATMに並ばせる時に、先に来た人から順にサービスを受けられるように、一列に並ばせるための柵を作っている。割り込みをしにくくしているのである。

　⑨への対策としては、一部のレストランでは、ウェイティング・バーを設置しているところがある。席へ案内するまでの間、ビールやワインで快適に過ごせる。

　企業は、このような工夫を通じて、需要を失わないようにしているのである。

働率や利益などの情報がリアルタイムで表示されている。TONIC導入前は、入手データが限られ、整理や分析にも時間がかかり、タイムリーな対策ができずにいた。しかし、リアルタイムで情報が入ることで、スピーディに需要刺激策を打てるようになった。例えば、価格の変更である。昼間の料金、夜の料金、

夜の料金の時間帯、最大料金（上限設定）などを変更する。また、チラシの配布を行うこともある。

各駐車場には、運用担当者が割り当てられており、彼らが責任を持って需要喚起策を計画する。彼らの人事評価や報酬は、担当駐車場の稼働率に連動しており、担当者が稼働率向上に注力するような仕組みになっている。

第2に、同社は会員制ポイントプログラム「タイムズクラブ」を導入している。一般的に、顧客は目的地に一番近い駐車場を選ぶもので、特定の駐車場事業者が好きということは少ない。しかし、ポイントが溜まって割引が受けられるのであれば、できるだけタイムズに駐車しようという気持ちになる。したがって、顧客維持率が高まり、需要が安定しやすい。

タイムズクラブには、もう1つ利点がある。駐車場を利用した顧客を特定でき、どのような属性の顧客がどのような利用の仕方をしているかという分析ができるのである。例えば、地域Aに住んでいる会員が、地域Bの駐車場に自動車を停めることが多いことが分かれば、地域Bの需要喚起のためのチラシは地域Aに配布すると効率が良いことがわかる。

第3に、法人向けには「タイムズビジネスカード」を提供している。現金がなくても決済でき、またその法人に直接請求されるので、従業員の立替経費精算の手間が省ける。例えば、営業員が取引先に自動車で訪問する時、タイムズが最も近い駐車場でなくとも、経費精算の面倒さが省けるのであれば、少し歩いてでもタイムズに駐車しようという気になる。これも、需要が安定する効果がある。

第4に、満車空車情報のサービスである。知らない場所で駐車場を探すとき、ドライバーには大変なストレスがかかる。しかし、携帯電話などで駐車スペースがあるかどうかがわかれば、駐車場に直行できる。例えば、あるタイムズが満車でも、近くにある別のタイムズが空車であれば、逃す可能性があった需要を取り込むことができるのである。

第13章　需給調整による価値創造

## Column 13-2

### 価格弾力性

　需要を変化させるための戦略としてよく利用されるのが、価格の調整である。航空会社は、航空券のチケットの価格をピーク時とオフピーク時で変えている。ホテルの料金もお正月やクリスマスには、普段の2倍近くなることもある。本章の冒頭に記した「ハッピーアワー」も、価格による需要調整の一例である。

　しかし、価格をどのくらい変化させるべきなのかを決めるのは難しい。下げ過ぎると、利益が出ないばかりか、顧客が殺到してサービスが十分に提供できなくなってしまう。また、上げ過ぎると、顧客は来てくれず、供給能力を余らせることになる。このような判断に役立つ考え方に価格弾力性がある。価格弾力性とは、価格に対する需要の弾力性、すなわち、価格を変化させると需要量がどのように反応するかということである。図13-4のようなグラフで示される。

　一般的には、図13-4のように、価格を下げれば需要量は増す。しかし、貴金属や宝石などのぜいたく品は、価格を下げても需要量は増えず、むしろ減ってし

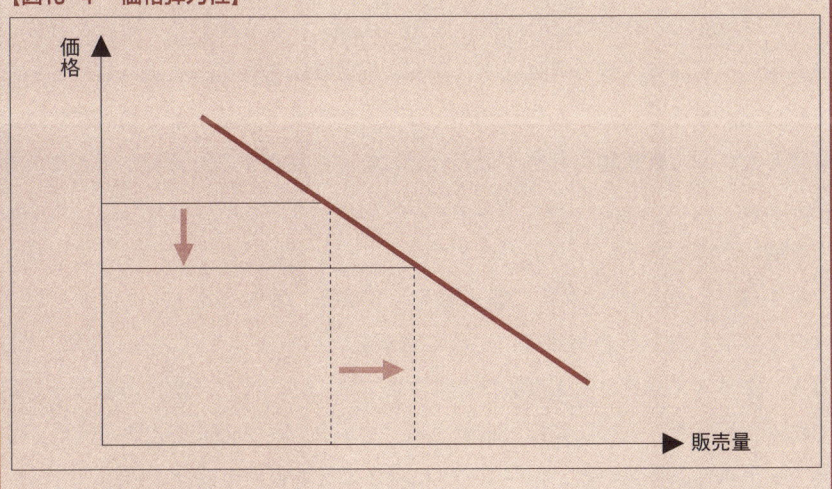

【図13-4　価格弾力性】

まうことさえある。また、図のように線形のグラフになるとも限らない。例えば、1,100円の品物を1,000円にしても需要量はほとんど増えないが、900円にすると著しく増えるということもある。

価格弾力性を知る方法には、いくつかある。1つの方法は、事前にアンケート調査をしてみることである。マンションの価格を決める時、「あなたなら、このマンションをいくらで買いますか」というアンケートを実施して、各価格を記した人数をグラフ化する。そうすると、4,000万円が20名、3,900万円が45名といった形で、価格弾力性のグラフが出来上がる。

もう1つの方法は、実験である。価格を実際にいくつかのパターンで変更してみて、需要の変化を見てみる。フランチャイズチェーンが、全国展開をする前に、一部の店舗で行うことが多い。

## 4 今後の取り組み

### 駐車サービスから移動サービスへ

パーク24は、駐車禁止の看板の販売で創業し、駐車場機器の販売を経て、駐車場サービスで大きく成長した。現在、同社は次の段階へと進み始めている。それは、駐車場サービスから移動サービスへの進化である。駐車場の顧客は、駐車したいから駐車場を利用するわけではなく、移動するために駐車しているのである。したがって、パーク24は、移動というニーズに注目して、事業展開を始めたのである。

第1に、レンタカー事業に参入した。2009年（平成21年）、マツダレンタカーを買収した。この事業は、タイムズ事業とのシナジーがある。まず、260万人のタイムズ会員と法人会員は、潜在顧客になる。また、店舗の開設が容易である。レンタカーの店舗は、自動車用に広いスペースが必要なので、なかなか土地の確保が難しいが、パーク24はタイムズを転用すればよい。

第2に、カーシェアリング事業へも参入した。カーシェアリング事業とは、

1台の自動車を複数の会員が共同で利用する形態である。利用者は自ら自動車を所有せず、自動車を管理する企業の会員となり、必要な時にその企業の自動車を借りる。レンタカーでは、6時間が最低の借用時間単位であるが、カーシェアリングであれば、15分単位で利用した時間分だけの金額で利用可能である。

パーク24は、カーシェアリング事業を行うための経営資源が揃っている。まず、タイムズ駐車場が全国にあるので、カーシェアリング用に駐車スペースを新たに用意する必要がない。次に、タイムズ会員や法人会員を抱えているので、潜在顧客リストを持っていることになる。さらに、タイムズのブランドが利用できる。認知率の高いタイムズブランドを使えば、カーシェアリング事業でも浸透しやすいだろう。このようなタイムズ事業とのシナジー効果を梃子にして、カーシェアリング事業を進めている。

レンタカー事業とカーシェアリング事業が確立すれば、タイムズ事業を加えて、移動の総合サービスが可能になる。例えば、営業車を持つ法人に対しては、その法人が所有している自動車にはタイムズのサービスを、繁忙期で自動車が必要な時にはレンタカーサービスを、定期的な短時間のニーズにはカーシェアリングサービスを提供することができる。近い将来、パーク24は、顧客の移動というニーズの最適な組み合わせを提案できる企業になるだろう。

## 5 おわりに

　サービス業では、サービスをあらかじめ作っておいて在庫しておくことができない。したがって、需要に合わせて供給能力を整えなければならない。需要が多いときに供給能力が足りないと、せっかく顧客が来てくれてもサービス出来ずに返してしまうことになる。また、供給能力に比べて需要が少ないと従業員や設備を遊ばせることになる。稼働率をマネジメントすることは、利益に直結するのである。経営上の最も注目すべき指標を、KPI（Key Performance Indicator）と呼ぶことがあるが、サービス業では、稼働率がKPIであることが

**【図13-5　タイムズ事業の稼働率のマネジメント】**

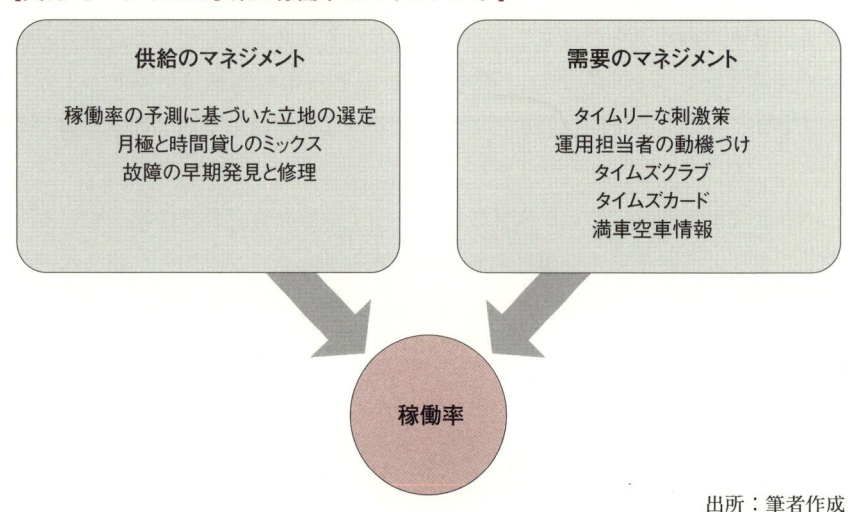

供給のマネジメント
稼働率の予測に基づいた立地の選定
月極と時間貸しのミックス
故障の早期発見と修理

需要のマネジメント
タイムリーな刺激策
運用担当者の動機づけ
タイムズクラブ
タイムズカード
満車空車情報

稼働率

出所：筆者作成

多い。

　これまで見てきたように、パーク24は、需要と供給を巧みにマネジメントして、高い稼働率を維持している。同社の取り組みを需要サイドと供給サイドに分けると、図13-5のようになる。業種によって、取り組みの具体的方法は異なるだろう。しかし、稼働率を高めるために、サービス事業者はさまざまな工夫をしているのである。

## ❓ 考えてみよう

1．あなたの身の回りにあるタイムズと他の時間貸し駐車場を観察して、どのような違いがあるか考えてみよう。

2．あなたが日頃利用しているレストランや美容室などの企業が、どのように需要と供給をマネジメントしているか考えてみよう。

3．銀行やファストフード店、スーパーのレジ、テーマパークのアトラクショ

ンなど、サービスを待つときに作る列の並び方の違いを考察し、それぞれの並び方がどんな利点・欠点を持つか考えてみよう。

### 参考文献

黒岩健一郎「プロダクト小口化型仕組み革新　パーク 24 の駐車場事業」『仕組み革新の時代　新しいマーケティング・パラダイムを求めて』有斐閣、2004 年。

クリストファー・ラブロック、ローレン・ライト『サービスマーケティング原理』（小宮路雅博監訳、高畑泰、藤井大拙訳）白桃書房、2002 年。

### 次に読んで欲しい本

トム・コネラン『ディズニー 7 つの法則—奇跡の成功を生み出した「感動」の企業理念』（仁平和夫訳）日経 BP 社、1997 年。

# 第14章

# 平準化による価値創造
■セントラルスポーツ

1．はじめに
2．健康産業の市場規模と業界構造
3．フィットネスクラブの原点そして発展系
4．初期費用が高い業種のビジネスモデル
5．インフラを伴うサービスの収益化
6．おわりに

# 第2部 サービスによる新たな価値創造

## 1 はじめに

近年、高齢社会の本格化により、生活習慣病予防産業である健康産業への注目度は高い。厚生労働省は、2008年（平成20年）度からメタボリック検診を義務付けており、国民の健康維持や予防医療の議論も活発化している。また、高齢者だけではなく、我々が健やかで充実した生活を送る上でも、健康を維持することは欠かせない。その生活をサポートする一翼を担うのが、健康産業の代名詞ともいえるフィットネスである。そこで、本章では、セントラルスポーツを事例に、健康産業（フィットネス）に従事する企業のサービス経営を学ぶ。

本章のポイントは次の2点である。第1のポイントは、企業が事業環境や顧客ニーズなどの変化に、どのように対応するのかについて、セントラルスポーツの事業展開から確認することである。キーワードは「企業の外部環境」「サービスの平準化」「サービスの標準化・均一化」「関連多角化」である。第2のポイントは、フィットネスのビジネスモデルに着目することである。フィットネスは、事業運営するまでの店舗開発に、何億円もの初期費用（initial cost）を投入する。この費用をどのようにして調達し、投資費用を回収するのかについてのビジネスモデルを考える。キーワードは「初期費用」「株式公開」「直接金融」である。

## 2 健康産業の市場規模と業界構造

### 健康産業の概況

健康産業は、統計上は、「余暇市場」として位置づけられている。余暇市場におけるフィットネスの推移は、図14-1のとおりである。『レジャー白書2009』によると、2008年における余暇市場スポーツ部門市場規模4兆2,310億円のうち、フィットネスの市場規模は4,160億円と、余暇市場の約10％を占め

第14章 平準化による価値創造

ている。この市場規模は、おおよそ、セキュリティー市場と類似し、また、対個人サービスの産業となっている。フィットネスを展開する各企業の売上高は**表14-1**のとおりである。

【図14-1　フィットネス業界市場規模の推移】

(億円)

出所：『レジャー白書2009』をもとに筆者作成

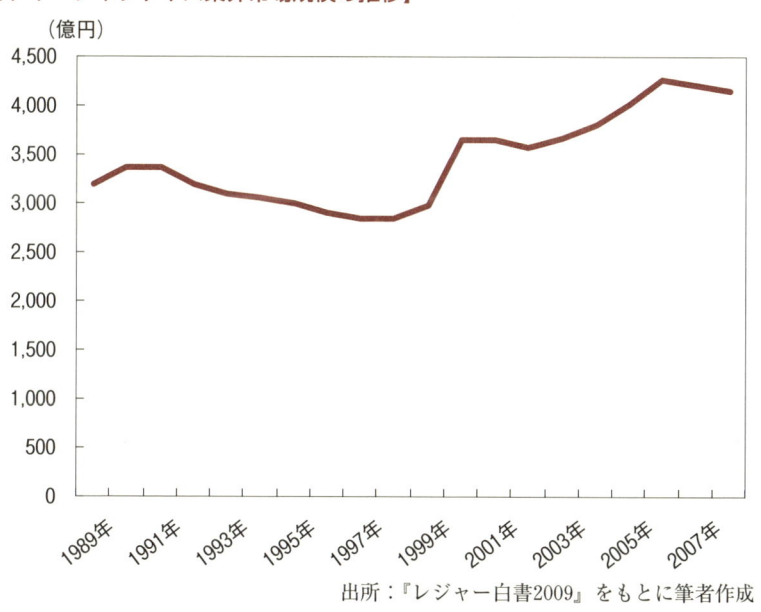

【表14-1　スポーツ施設の部門別売上高】

| 順位 | 企業名 | 部門売上高 | 店舗数 |
|---|---|---|---|
| 1 | コナミスポーツ＆ライフ | 899億円 | 213 |
| 2 | セントラルスポーツ | 471億円 | 155 |
| 3 | ルネサンス | 355億円 | 102 |
| 4 | ティップネス | 318億円 | 63 |
| 5 | メガロス | 135億円 | 23 |

出所：『会社四季報　業界地図2010年度版』、各企業HP（2009年9月現在）をもとに筆者作成

# 第2部 サービスによる新たな価値創造

## フィットネスのビジネスモデル

　図14-1から、バブル経済崩壊の影響が色濃く現れた1990年代、フィットネス業界の成長が伸び悩んでいたことがわかる。フィットネス業界誌『クラブマネジメント』（現在は『フィットネスビジネス』）によると、フィットネスは、1980年代に景気拡大の波に乗り、店舗数を積極的に増加させてきた。そして、1990年代には、この時期の積極的な店舗展開が裏目に出る結果となった企業が存在した。

　低迷する業績を回復させるため、そして、新たな会員を獲得するために多くの企業がとった手段は、入会金の引き下げを行うことであった。なかには、「入会金０円キャンペーン」を実施し、入会金制度が有名無実のようになった企業も出現した。企業経営の視点から考えると、入会金は、基本的に返還義務を伴わない収入である。フィットネス事業のように、プールやマシンジム機器、スタジオの整備など、新たな店舗展開に多額の設備投資費用を要する場合には、この入会金は企業の収益源の１つとなっていた。しかし、新規顧客を獲得するためには、入会金を引き下げる・無料にする措置が不可欠であると判断する企業が少なくなかった。

## サービスの「平準化」

　入会金を引き下げることで、一時的に顧客数は増加する。一方で、ハードである施設には、顧客の収容人数に限界がある。増加する会員数が施設の許容範囲を超える事態も想定される。ある特定の時間に来店する顧客が集中すると、顧客の不満がつのり、それが新たな退会の理由につながることも少なくない。逆に、早朝や深夜といった稼働率が少ない時間や施設も存在する。稼働率が少ないということは、遊休資源が発生していることを意味する。経営者の判断として、できるだけ遊休資源を発生させないよう、対策をとる必要がある。１つの対策方法として、施設の許容範囲を超える時間帯の来店顧客を分散させ、時間あたりの来店顧客数の凸凹をつくらないようにする。これが、サービスの平

### Column 14-1

#### サービスの平準化

　サービスには4つの特性があると言われている。「無形性」「同時性」「異質性」「消滅性」である（第1章参照）。企業は、これらの特性から生じる制約をどのように克服するのかに頭を悩ます。例えば、ある特定の時間に顧客が集中すると、結果として顧客の満足のいくサービス・顧客が事前に想定したサービスを得られず、顧客不満が生じる。一方で、顧客が少なく、設備等に遊休が発生する場合もある。通勤ラッシュ時の公共交通機関など、身近なところでしばしば見かける光景であろう。通勤ラッシュ時には乗車率200％を超えるともいわれている一方、昼間は乗客がまばらな電車内。これは、サービスの特性の1つである「消滅性」に起因する課題である。

　サービスは活用されなければ、すなわち、公共交通機関に乗客がいない時間があれば、その価値は使用されることなく消滅してしまう。発車した電車に空席があれば、それは電車が発車した時点で、サービスの価値が消滅してしまうのである。これは、企業にとって、機会損失（実際には、需要があれば得られたであろう利益が、現実には得られなかったこと）になる。企業は、この機会損失をできるだけ少なくして、現実の利益に結びつけようとする。具体的には、企業は顧客が集中する時間帯を分散させ、サービスの消滅性をできるだけ発生しないように工夫を重ねる。これがサービスの平準化である。例えば、公共交通機関の場合には、フレックスタイムで勤務する顧客などを対象に時差割引回数券を販売するなどの対応策をとっている。実際に、朝の通勤ラッシュの影響で、しばしば電車の遅延が発生する東京メトロでは、通常11枚組みの回数券が、時差回数券（10時から16時まで使用可能）では12枚組みとなっている。

　以上のように、企業は様々な方法で、サービスの平準化を追求する企業努力を行っていることが理解できよう。

準化である。

　このような状況に対応するため、そして、多様な顧客ニーズに対応するために企業がとった手段は、時間帯や使用できる施設に制限を設けたプランを低価

■第2部 サービスによる新たな価値創造

格で提供することであった。例えば、最大月4回利用可能な「月4会員」や、深夜利用できる「ナイト会員」、早朝利用できる「モーニング会員」、プールのみ利用できる「アクア会員」などを設けるなど、それぞれの企業が趣向を凝らした。入会金の引き下げや低価格プランを導入することで、客単価の下落を招くものの、会員数を増加させ、その上、顧客の利用時間や施設を分散させ平準化することで、サービス品質を維持し、結果的にトータルの企業収益を確保しようと試みたのである。

このような事業の構造改革に成功した企業がある一方で、企業体力のない企業は、事業の廃業や撤退、もしくは、より大きな、そしで体力のある企業によ

【写真14-1　セントラルスポーツの施設概要】

① 西新井店外観

② スタジオ風景

③ 室内プール風景

④ マシンジム風景

写真提供：セントラルスポーツ株式会社

るM&Aが行われたのである。その中でも、最も大きく世を騒がせたM&Aの案件となったのが、会社更生法の適用を受けたマイカル傘下のピープル（「エグザス」ブランドで展開していたフィットネスクラブ）が、ゲームソフト大手企業のコナミに買収されたことである。この一件によって、業界の勢力図が大きく塗り替えられることになった。

## 3 フィットネスクラブの原点そして発展系

### ◆「夢」の実現に向けて

「0歳から一生涯の健康づくりに貢献する」

　企業理念をこのように掲げ、直営111店舗と業務受託44件（2009年3月末現在）を展開するセントラルスポーツ（**写真14-2**を参照のこと）。同社の創業は1969年（昭和44年）12月。創業者は、現社長の後藤忠治である。

　実は後藤は、東京オリンピックに出場した過去を持つ。メダルを待望されていたにもかかわらず、華々しいオリンピックの場で「結果」が出せずに終わった。後藤は、選手として雇ってくれていた会社を辞め、選手生活を引退した。そして、営業マンとして一からのスタートを切った。

　営業活動で外回りをする日々。そんな中、後藤が目にした光景……。それは、恩師である村上勝芳（元日本大学水泳部監督および東京オリンピック水泳競技監督）が、監督の職を捨て、子どもたちに水泳を指導していた姿である。「オリンピックでメダルを獲得できなかったのは監督の責任ではない。それでも監督は、監督の職を辞して、子どもの水泳教育に携わっておられ、未来のオリンピック選手を育てている。選手であった私が逃げて良いのか——」と、自問自答する。

　こうして、後藤は、一大決心をする。それは、世界に通用する選手の育成を中心にしたスイミングスクールを設立することであった。同じく東京オリンピックに出場した仲間らとともに創業した。そして、その「夢」は実現した。

▮ 第2部　サービスによる新たな価値創造

【図14-2　セントラルスポーツの施設展開】

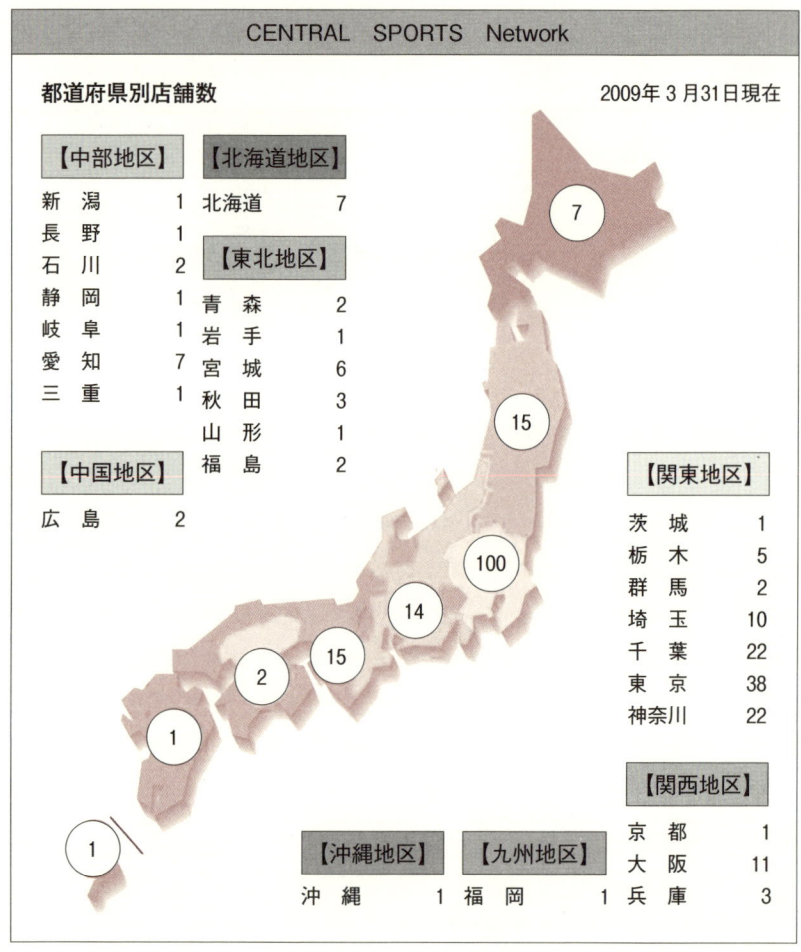

```
CENTRAL SPORTS Network
都道府県別店舗数                    2009年3月31日現在

【中部地区】      【北海道地区】
新　潟　1       北海道　7
長　野　1       
石　川　2       【東北地区】
静　岡　1       青　森　2
岐　阜　1       岩　手　1
愛　知　7       宮　城　6
三　重　1       秋　田　3
                山　形　1
【中国地区】      福　島　2
広　島　2       
                                【関東地区】
                                茨　城　1
                                栃　木　5
                                群　馬　2
                                埼　玉　10
                                千　葉　22
                                東　京　38
                                神奈川　22

                                【関西地区】
         【沖縄地区】【九州地区】 京　都　1
                                 大　阪　11
          沖　縄　1 福　岡　1    兵　庫　3
```

出所：セントラルスポーツ株式会社

2009年（平成21年）までに、延べ21名ものオリンピック選手を輩出する「名門」企業へと成長を遂げたのである。

▮ **教育業からのスタート**

　同社は、創業当初、学校のプールを借りて、その近隣の子ども達に水泳を教

える「スクール事業」を手がけていた。このビジネスが軌道に乗った要因として、水泳は子どもの体力づくりに効果が高いと認識されていたこと、そして、小学校の体育の授業カリキュラムに水泳が組み込まれていたことが挙げられる。こうして、スイミングスクールは、習い事の代名詞のようになっていった。

> 明るく、仲良く、元気よく。
> 磨けよ心。
> 鍛えよ身体。
> 今日もみんなで、頑張ろう。

　これは、「セントラルスポーツ訓」と呼ばれる文言である。同社のスイミングスクールに通う子どもたちに対して、レッスンが始まる前に唱和させている。この点から、スクール事業では、個人の人間形成の側面にも指導の重きをおいている。すなわち、スクール事業は、教育活動そのものなのである。
　一方で、セントラルスポーツの究極的な目標である「世界に通用する選手を育成する」目標を達成させるための方策もとってきた。例えば、1982年（昭和57年）に作られたセントラルスポーツ研究所では、筋肉の動きや泳ぎ方などを科学的に検証し、検証結果を活用している。また、この研究所において、水泳の「エリートコース」を設けており、成長が期待される選手の育成を行っている。このような企業努力が実を結び、多数のオリンピック選手を輩出するまでになったのである。

### ◆ フィットネス事業への展開

　スイミングスクールの顧客ターゲットは、主に「子ども」である。子どものレッスンには親が付き添う。この状況が、新たなビジネスの種となった。それは、子どもがスイミングのレッスンを受けている間、子どもの親は、見学スペースでレッスンの様子を見学することに端を発する。子どものレッスン時間に生じる親の「暇」な時間に何を演出するか、この声に応えようとしたことが、結果として新たなビジネスに結びついたのである。

■第2部　サービスによる新たな価値創造

　その「解」は、フィットネスにあった。アメリカでエアロビクスが一大ブームを引き起こすと、1980年代に日本にエアロビクスが「輸入」され、瞬く間にブームを巻き起こした。セントラルスポーツは、1983年（昭和58年）、エアロビクスなどのプログラムやマシンジムなどを統合して、フィットネスクラブとして展開することになる。

　同社は、世の中のニーズに応える形で、スイミングスクール以外にも、フィットネス事業を積極的に展開していった。少子化の影響も見え始め、スイミングスクール以外の事業展開を考える必要があったこともまた事実であった。すでに、プールは設備されているので、スタジオとマシンジムを新たに用意し、フィットネス業界の「三種の神器」（プール、スタジオ、マシンジム）を整備していった。「身体の健康を維持する」役割として、フィットネスが注目された。こうして、子ども以外にも、顧客ターゲット層が広がっていった。

　スイミングスクール事業からフィットネス事業へと業務を拡大することによって、現場においては、1つの新たな機能が付与された。それは、子どもにスイミングを教えるという「教育」という視点に加え、成人のトレーニングを支援する「サービス」という視点が求められるようになったのである。

■「サービス」という視点

　フィットネスの主な商圏は、ほぼ1 km圏内である。すなわち、フィットネスクラブの施設を中心にして、半径1 kmに顧客のほとんどが集中している。したがって、このような顧客特性を持つフィットネスは、展開する地域の人口構成や地域特性を考慮して事業が展開されることが望ましい。

　同社では、まず、各施設の顧客の年齢層や男女比、平均年齢を割り出し、その店舗の顧客特性を特定する。この特性をもとに、それぞれのクラブの構成にあったプログラムを提供するようにしている。その判断は、各店舗の店長が行う。店長には、「何がクラブに求められているのかを的確に把握し、それに基づいた顧客獲得の戦略立案やサービス企画」（同社HPより）を実施する。そして、店長には、「新規顧客獲得のためのプロモーション方法や、集客イベント

の開催、会員価格体系案の策定まで、権限と責任をもった店長が様々な重要な経営判断を下す」(同社HPより)ことを求めている。同社では、商圏1kmでのビジネスを成功させるためには、このような権限と責任の委譲が重要であると認識していることが理解できる。

　1km商圏でのビジネスで一般的なパターンは、時間軸で顧客特性が大きく変わるという。「午前中からお昼」にかけての時間帯には、中高年齢者層の顧客が多い。そのため、太極拳やストレッチなどの比較的運動強度の軽いプログラムが用意される傾向がある。「お昼過ぎ」の時間帯になると、主婦層の顧客が増えるため、ヨガやエアロビクスのような中級程度のプログラムが用意される傾向がある。そして、「16時〜18時」の時間帯では、顧客層が入れ替わり、若い年齢層が増えるという。この時間になると、若い年齢層向けのプログラムである上級エアロビクスや格闘技系のプログラムが用意される傾向がある。また、これらの用意されたプログラムが、本当に来店顧客のニーズを捉えているものかどうか検証するために、3ヶ月に1度、顧客の声を聞いてフィードバックを含め、プログラムの更新を少しずつ行っているという。このように、時間軸で変化する顧客特性を捉え、その特性に合致したプログラムを提供する企業努力を行っている。

## サービス品質を維持するために

　「各施設の1km商圏の地域特性を考慮した事業展開」、そして、「店長に委譲された大きな権限と責任」という要素を考えると、一方で、セントラルスポーツ店舗間でのサービス品質にバラつきが発生する原因になると理解されるかもしれない。

　しかしながら、同社は、店舗スタッフへの研修制度や資格制度を充実させることで、サービス品質の標準化・均一化を行っている。例えば、同社は1995年(平成7年)にANCS(通称「アンクス」。エアロビック・ネットワーク・オブ・セントラル・スポーツの略)という制度を整備している。この制度は、同

◆ 第2部　サービスによる新たな価値創造

社の施設でエアロビクス指導を行うための認証・登録制度である。フリーのインストラクターにせよ、従業員にせよ、セントラルスポーツでスタジオインストラクターをするためには、必ず取得しなければならないことになっている。すなわち、ANCSを取得していなければ、セントラルスポーツでスタジオインストラクターを務めることが許されないのである。2009年（平成21年）9月現在1,500名の登録者がいるという（これまでの認証取得者は約5,000名）。この制度を整えることによって、同社の施設におけるインストラクターに求められるレベルを一定に維持し、店舗で提供されるサービス品質を標準化・均一化したのである。

### ◆ ウエルネス事業への展開

フィットネスの事業では、「メンバー会員の健康を維持する」ことが、同社が顧客に提供する価値であった。しかし、その後、同社は、事業環境や顧客のニーズの変化を見逃さなかった。それは、社会現象と化した個人が抱えるストレスと、「癒し」のニーズの顕在化である。そして、このような社会において、身体の健康が担保されても、それだけでは、顧客に対して十分な価値を提供することができていないと認識したのである。

スイミングスクール事業、フィットネス事業に加えて、以上のような目的意識を持って取り組んだ新たな事業－それが、ウエルネス事業であった。ウエルネス（wellness）とは、"well-being"（健康）から派生した造語で、「幸福で充実した人生を送るために、我々の毎日の生活を見直し、改善が必要と気づいた生活習慣の改善をしていこうというもの」（日本ウエルネス学会HPより）と定義されている。同社のウエルネスのコンセプトは、「メンバー会員の身体と心の健康を維持する」ことであった。このコンセプトを実現するために、フィットネスの三種の神器（「プール」「スタジオ」「マシンジム」）に加え、マッサージや温浴施設などを付帯した複合施設「ウエルネスクラブ」を開設したのである。これが1999年（平成11年）のことである。

顧客のウエルネスの平均利用率・回数ともに、フィットネスのそれと比べる

と高いという。また、ウエルネス一施設あたりの顧客数それ自体も、フィットネスのそれと比較すると高い。これらを総合して考えると、ウエルネス施設に対する顧客の支持が得られていると言えよう。

## 4 初期費用が高い業種のビジネスモデル

### 新たな資金調達方法

　フィットネスでは、新しく施設を展開するのに、ざっと見積もっても5億円から6億円の初期費用を必要とし、また、新たな施設に顧客を勧誘するための販売促進費用が追加的に発生する。すなわち、店舗を開店するまでに、施設というハード面への投資負担が極めて重く、その費用を長期にわたって回収するビジネスモデルとなっている。

　その上、多額の建設コストを要する温浴施設などの建設や新規出店施設の大型化、それらに伴う借入金の増加、1990年代に行われた入会金の引き下げによる入会金収入の減少の影響もあった。したがって、フィットネスに従事する企業は、新たな資金調達の方法を考えるようになった。

　そこで、いくつかの企業は、直接金融による資金調達を目指したのである。コナミスポーツ＆ライフの前身であるピープルは、1996年（平成8年）に店頭公開を果たしているし、ルネサンスは、2003年（平成15年）にJASDAQへの上場を果たしている。セントラルスポーツも2000年（平成12年）に店頭公開、2002年（平成14年）には東証2部上場、2004年（平成16年）には東証1部上場を果たしている。株式市場から直接資金を調達することで、入会金に代わる資金源を確保し、財務面においても、安定的な企業経営を目指したのである。

### 直接金融の留意点

　一方で、株式を上場することに関しては、ある種の危険性もついてまわる。しばしば指摘される点は、短期的な利益を求める機関投資家などの株主の声が

## 第2部　サービスによる新たな価値創造

> **Column 14-2**
>
> ### サービス企業の株式公開
>
> 　「上場企業＝大企業」というイメージを持っているのかもしれない。しかし、上場とは、企業の株式を証券取引所で売買することができる権利を持つことを意味する。したがって、定められた基準を満たすことで「上場企業」となる。
> 　上場のメリットは、発行済みの株を売ることで、利子を必要としない資金調達が可能になることである。これを直接金融（対照的に、金融機関からの借入によって資金調達する方法を間接金融）という。その他にも、上場することによって、社会的知名度や認知度の向上、上場企業であることの対外的信頼性、それに伴い優秀な人材を獲得できることなどのメリットがある。
> 　一方で、上場することによる制約やデメリットも発生する。それは、証券取引所において株の売買が自由に行われるために、株の買い占めが起こり、事実上の乗っ取りが生じる可能性や、短期的利益を追求する株主の声への対応、利益配分に関する利害関係の対立、上場書類を作成する費用の計上などがある。
> 　上場することによるデメリットが表面化しやすいのは、特に業績悪化に伴って株価が低迷する時期に多い。その対策の1つとして、上場廃止という手段を採用する企業もある。例えば、ポッカコーポレーションやワールドストアパートナーズなどが挙げられる。これらの企業は、低迷する経済状況に長期的視野で事業の改革を進めるためには、株価に左右されない、また、株主の声に左右されない状況を作る上場廃止という判断をしたという側面がある。
> 　一方で、上場廃止という手段をとらないまでも、長期的視野で改革を進めるための地盤づくりをする事例も挙げられる。経営陣や従業員、顧客やファン（いわゆる"ファン株主"）を株主として優待する例もある。ファン株主を巻き込み、短期的利益を追求しない経営体制を構築するのである。よく知られている事例に、エイベックスが挙げられる。同社は、株主総会終了後に、有名アーティストによる株主限定ライブを行い、ファン株主を魅了していた。

企業の長期的成長を妨げること、また、株の買い占めや企業の乗っ取りのリスクが存在することである。

セントラルスポーツでは、このような可能性をできるだけ排除しようと試み、対策を立てている。具体的には、安定的な株主を増やすことである。

その方法として、同社では、次の3主体による株の保有を歓迎している。「経営陣」「従業員」「メンバー会員」である。

経営陣や従業員による持株会が株を保有することで、実利的側面での働くインセンティブが高まるためである。すなわち、彼らの働きが企業業績の向上に結びつくことで、株価が上昇し、それによって個人への配当も増える循環が成立するためである。

また、心理的側面においても、従業員らが業績を向上させるために意欲的に日々の業務に取り組むという点では、従業員の満足度を高め、それが顧客の満足度や忠誠心に結びつくというサービス・プロフィット・チェーンのモデルを達成する1つの仕組みになる。

そして、セントラルスポーツを利用し、施設に対する愛着を持ったメンバー会員の株主を増やすことによって、株主としてのメンバー会員の声が、セントラルスポーツの経営に直接届くことになる上、出資者が使いたいと思えるような施設作りへのフィードバックも可能となる。

一方で、同社にとっても、メンバー会員が株主になることによって、施設からの顧客離れは起きにくくなるばかりか、短期的な利益を求める機関投資家を排除するよう作用することも可能となる。2009年（平成21年）現在における株主全体に占めるメンバー会員の株主構成比率は22%となっている。将来的には、この比率を30%まで高める方針であるという。メンバー会員の株主を増やすことによって、また、このような安定した、そして、セントラルスポーツのファンとなる株主を増やすことで、同社の長期的利益を達成する体制を構築しているのである。

## 5 インフラを伴うサービスの収益化

フィットネスのビジネスにおいて、大きな2つの特徴が確認できた。1つ目

の特徴は、（商圏が限られた）対個人サービスである点である。2つ目の特徴は、事業展開の初期費用に多額な資金を要することである。

## 対個人サービス事業

　フィットネスのビジネスの1つ目の特徴は、（商圏が限られた）対個人サービスである点である。その際、3つの視点が重要となる。
(1) 顧客ニーズに対して柔軟に対応すること
(2) 地域特性の影響を強く受け、個別性が強く出るサービスに対して「サービスの標準化・均一化」を行うこと
(3) サービス特性である消滅性をできるだけ発生させないような「サービスの平準化」を達成すること

　顧客ニーズに対して柔軟に対応することの議論に関しては、セントラルスポーツでは、スクール事業から親のニーズを捉えたフィットネス事業へ、そして、ストレスからの解放や「癒し」を追求したウエルネス事業への展開を積極的に行ってきている。すでに保有する経営資源を上手く活用しながら、次の事業に展開する、すなわち、関連多角化を実施している企業なのである。この点で、セントラルスポーツは業界をリードする企業でもある。

　また、現在は、高齢社会への適応を踏まえて、介護インストラクターの人材育成を手がけるなど、同社の将来の成長を見据えた事業への展開を行っている。上場企業でありながら、このような長期的成長や利益という視点で事業に取り組むことを可能にしているのは、安定的株主の存在が大きい。

　「サービスの標準化・均一化」の議論に関しては、環境の変化や展開する地域の人口構成、地域特性に対応するために、セントラルスポーツでは、店長に対して、多くの権限と責任を委譲していた。その一方で、事業の多店舗展開・チェーン展開を考える上では、「サービスの標準化・均一化」は不可欠である。なぜなら、店舗の個別特性を尊重しすぎると、サービス品質にばらつきが生じやすくなり、「ブランド」の統一性がとりにくくなるためである。

　しかし、セントラルスポーツでは、このような状況に陥らないための仕組み

が埋め込まれている。それは、店舗スタッフへの研修制度や、ANCSという認証制度を充実させることで、サービス品質の標準化・均一化を行ってきているのである。

「サービスの平準化」の議論に関しては、施設の許容範囲を超える時間帯の来客を分散させ、来店顧客をできるだけ多様な時間帯に平準化させることが求められる。フィットネスの業界には、時間帯や使用できる施設に制限を設けたプランを、低価格で提供した企業がある中、セントラルスポーツでは、時間帯によって、提供するプログラム内容を変えることで、それぞれの顧客層に合致するサービスを提供する工夫を行っている。

## 初期費用

フィットネスのビジネスにおける2つ目の特徴は、事業展開の初期費用に多額な資金を要することである。フィットネス業界では、特に、施設の大型化や複合化によって、初期費用の負担が重くなっていた。

このような業界の場合、入会金や保証金、預託金という形で、多額の資金を顧客から預かり、初期の設備投資費用として運用することがある。たとえば、ゴルフ運営企業や、介護施設運営企業、リゾート施設管理運営企業などが挙げられる。フィットネス業界の場合には、（高級クラブのような一部を除いては）それほど高額な入会金を預かっているわけではないため、別の資金調達方法を探る必要があった。そこで、いくつかの企業は、業界が全体的に低迷していた1990年代後半から2000年代にかけて、直接金融による資金調達を果たしたのである。

一方で、株式を上場することで、リスクが発生する。それは、短期的な利益を求める機関投資家などの株主の声が企業の長期的成長を妨げること、また、株の買い占めや企業の乗っ取りのリスクである。セントラルスポーツでは、このような可能性をできるだけ排除するために、安定的な株主を増やす方策をとっていた。

■ 第2部 サービスによる新たな価値創造

# 6 おわりに

　本章では、フィットネス事業を展開するセントラルスポーツを事例に挙げ、対個人サービス事業としての知見と初期費用の資金調達方法について考えてきた。

　対個人サービス事業の知見としては、変化する事業環境や顧客ニーズへの適応方法や、一見「何気なく組まれている」と感じるプログラムが、実はサービスを平準化する1つの仕組みとして機能していること、プログラムのサービス・クオリティーを維持するためにインストラクターの認証・登録制度が設けられていることなどが確認された。

　サービスの現場においてスタッフが顧客と接する時、サービスが発生する。すなわち、サービスの同時性と称される特性である。また、そのサービスは、顧客が来店しなければ、必然的にビジネス遂行の機会を失ってしまう。すなわち、サービスの消滅性と称される特徴である。さらには、店舗間やスタッフごとにサービス品質にばらつきが生じることがある。すなわち、サービスの異質性と称される特徴である。本章から、これらのサービスの特性によってしばしば発生し得る課題を、企業が克服し、企業成長に結びつけてきた軌跡が理解できる。

　初期費用の資金調達に関しては、上場は有効な資金調達の手段ではあるものの、それに伴うリスクをどのように回避するのかについても考慮すべきであることが確認された。

　2009年（平成21年）現在、日本人口に占める有権者の人数は、1億人を突破している。すなわち、20歳以下の人口が3,000万人程度しかいないことを意味している。また、その一方で、平均寿命も高くなっている。予防医療の意識の高まりとともに、この外部環境の変化に、フィットネス業界は、そして、フィットネスに従事する企業はどのように対応していくのか、これが今後のビジネスの試金石となるといえよう。

第14章　平準化による価値創造

## ❓ 考えてみよう

1．ある特定の時間に顧客が集中しないように、そして、施設の稼働率が少ない時間に来店顧客数を高めるために、フィットネス業界はどのような対策をとったのか考えてみよう。

2．対個人サービスを提供するセントラルスポーツは、地域特性に合わせた店舗展開を行っている。一方で、地域特性を重視しても、「サービスの標準化・均一化」が妨げられることのないような仕組みをとっている。なぜ、「サービスの標準化・均一化」が重要なのかを考えてみよう。

3．フィットネス業界で、企業は、施設開発にかかる多額の初期費用（initial cost）を調達するために、どのような資金調達方法をとったのか、また、その際に注意すべき点についても考えてみよう。

### 参考文献

クラブビジネスジャパン編『クラブマネジメント　第33号』クラブビジネスジャパン、2001年。
東洋経済新報社『会社四季報　業界地図2010年度版』東洋経済新報社、2009年。
日本生産性本部編『レジャー白書2009』社会経済生産性本部、2009年。

### 次に読んで欲しい本

DIAMONDハーバード・ビジネス・レビュー編集部編・訳『顧客サービスのプロフェッショナル』ダイヤモンド社、2006年。
山本昭二『サービス・マーケティング入門』日本経済新聞出版社、2007年。
クリストファー・ラブロック、ヨッヘン・ウィルツ『ラブロック＆ウィルツのサービス・マーケティング』（白井義男監修、武田玲子訳）ピアソンエデュケーション、2008年。

# 索 引

■ 企業名・人名等 ■

アスクル……………………101
アップル……………………162
アルフレッド・ピーツ………43
飯田亮………………………194
石井淳蔵……………………33
ウィリアム・ペティ………131
加護野忠男…………………101
京都花街……………………90
QBハウス…………………75
クリステンセン……………188
グレッグ・ジョズウィアック…168・171
コーリン・クラーク………131
後藤忠治……………………229
ゴードン・バウカー………43
ザ・リッツ・カールトン大阪…56
近藤隆雄…………………26・103
ジュリエット・B・ショア……168
ジェリー・ボールドウィン…43
ジョゼフ・ミケーリ………59
ジョビー・ジョン…………16
スターバックス……………38
スティーブ・ジョブズ……166
ステファン・J・グローブ…16
セヴ・シーガル……………43
セコム………………………192
セントラル警備保障………194
セントラルスポーツ………224
綜合警備保障………………193
テイラー・クラーク………50
ドン・キホーテ……………146
西尾久美子…………………91
パーク24……………………208
ハワード・シュルツ………44

ピーター・ドラッカー………67
北海道日本ハムファイターズ…108
ホルスト・シュルツィ………59
三浦工業……………………177
ヤン・カールソン…………117
レイ・オールデンバーグ
　（Ray Oldenburg）……44・47
レイモンド・P・フィスク…16
リチャード・オリバー……67
ワタベ・ウェディング……23
渡部隆夫…………………23・31
渡部秀敏…………………29・31

■ 数字・アルファベット ■

ANCS………………………233
BOS（Baseball Operation System）
………………………………116
DRM…………………………170
GM（ゼネラル・マネジャー）…116
iPod……………………162・167
IT（インフォメーション・テクノロジー）……………………162
iTunes……………………162・166
iTunes Store……………162・170
KIOSK（キオスクまたはキヨスク）
………………………………155
KPI…………………………219
M&A…………………………229
One to One マーケティング…152
QRコード……………………151
QSP……………………………64
Times…………………………208
TONIC………………………214
SPアラーム…………………196
WOW（ワオ）ストーリー……59

243

# 索　引

ZMP（Z-Maintenance Program）
　　……………………………185
Ｚボイラー……………………181

■ あ 行 ■

アウトソーシング………100・135
異質性………………………15・227
異質性（変動性）………………14
一見さんお断り…………………99
イノベーション………………139
イノベーションのジレンマ…188
イレギュラーレポート…………31
インターナル・カスタマー……65
インターナル・マーケティング……63
インターネット技術…………173
インタラクティブ………………63
ウェディングプランナー………27
ウエルネス……………………234
営業利益率……………………126
営業力…………………………185
エクスターナル・マーケティング……63
エクストラ・マイル……………65
エコシステム（生態系）……171
エンパワーメント…………61・62
エンプロイー・エンゲージメント……65
置屋……………………………92
お茶屋…………………………90
おもてなし……………90・97・103
折込み広告……………………147
音楽配信サービス……………162
オンライン・メンテナンス…186

■ か 行 ■

開発……………………………32
外部環境………………………224
価格弾力性……………………217
カーシェアリング事業………218

カスタマー・ディライト………67
カスタマイゼーション…………34
稼働率……………………212・226
株式公開…………………224・236
間接金融………………………236
関連多角化……………………224
技術・情報スキル………………68
企業理念………………………199
期待……………………………83
期待不確認モデル………………67
キャッシュ・フロー…………196
口コミ………………………58・69
グッズ・ドミナント・ロジック
　　…………………………133・135
クラブドンペンモバイル……147
クレド・カード……………59・61
芸妓……………………………90
経験価値………………………46
経験財…………………………46
経験消費………………38・50・52
警備保障………………………192
劇場フレームワーク……………51
権限委譲………………………61
権限と責任……………………233
コアサービス…………………26
工業化…………………………74
広告メディア…………………154
ゴールド・スタンダード………60
顧客機能…………………45・46
顧客層……………………45・46
顧客価値…………………139, 140
顧客特性………………………233
顧客との価値共創………………33
顧客ニーズ……………………224
顧客満足………………………67
顧客ロイヤルティ………113・137
コスト…………………………32

# 索 引

五花街……………………………………90
コモディティ化………………138・184
コンサルティング業務………………138
コンタクト・ポイント………………117
コンティンジェントサービス…………26

■ さ 行 ■

サーバクション・フレームワーク
　………………………………12・51
サービス・エンカウンター……12・62
サービス・サイクル…………………117
サービス・ドミナント・ロジック
　…………………………………4・135
サービス・バリューズ……………61, 62
サービス・プロフィット・チェーン
　………………………………63・237
サービス・マーケティング・ミックス
　……………………………………………16
サービス・マニュアル…………………81
サービス形態…………………………195
サービス産業…………………………128
サービスの経験…………………………85
サービスの工業化…………77・79・81
サービスの顧客価値……………………86
サービス（品質）の標準化・均一化
　………………………224・233・238
サービスの平準化……224・226・239
サービス品質………81・77・102・198
　・228・233・238
サブサービス……………………………26
差別化………………………………32・34
座持ち……………………………………98
事業システム…………………………101
事業の定義…………………………45・46
資金調達………………………………235
社会サービス・システム……………200
社会性………………………………42, 49

従業員教育………………………………33
従業員満足（ES-Employee
　Satisfaction）………………………64
需要と供給……………………………208
準拠集団………………………………168
消費経験…………………………………38
商品………………………………………6
情報KIOSK端末……………………156
消滅性……………………………15・227
初期費用………………………235・239
初期費用（initial cost）……………224
真実の瞬間……………………12・117
人的資源………………………126・196
新事業…………………………………202
スイッチングコスト…………………174
スターバックス経験……………………49
生活防衛型……………………………146
生業型ビジネス…………………………74
生産財………………179, 183, 187, 189
製造業…………………………………126
設備投資………………………………226
潜在的サービス要素……………………26
ソーシャル・ヴィジビリティ………168

■ た 行 ■

第1次産業……………………………131
第2次産業……………………………131
第3次産業……………………………131
第1の場所…………………………47・48
第2の場所…………………………47・48
第3の場所………………………………48
第3の場所（The third place）……47
対人スキル………………………………68
代替技術……………………………45・46
チーム組織……………………………110
知覚品質……………………………84・85
直接金融………………224・235・236

245

# 索引

著作権管理技術……………………170
デジタルハブ構想…………………166
デファクト・スタンダード
　　（業界標準）…………………175
電子クーポン………………………148
店頭リコメンド……………………151
店舗開発……………………………224
同時性………………10・14・16・227

■ な 行 ■

内部顧客………………………………65
ニーズ………………29・30・34・35・184
入会金………………………………226
ネットワークの外部性……………175

■ は 行 ■

花街……………………………………90
パブリシティ…………………………58
パークロック・システム…………209
バリューネットワーク……………188
ビートエンジニア…………………197
ビジネス・システム………………101
ビジネスモデル……………29・187・224
非製造業……………………………126
評価……………………………82・85
標準化………………………………238
ファンサービス・ファースト……121
フィットネス………………………224
不可触性（無形性）…………………14
不可分性（同時性）…………………14
プロジェクトチーム制………………96
プロダクト・アウト………………135
フロント組織………………………110
平準化………………………………239
ペティークラークの法則………129, 131
便益の束………………………………13
ベンチャー……………………………31

変動性…………………………………15
ホスピタリティ……………………103
ボトルネック………………………213

■ ま 行 ■

マーケット・イン…………………135
マーケティング………………16・112
マーケティング・ミックス…………16
マーケティングの4P……16・135・139
マイグレーション・パス…………174
舞妓……………………………………90
マス・マーケティング………137・152
待ち行列……………………………215
マニュアル………………15・79・81
マニュアル化…………………………77
マン・マシン・システム…………198
マンマシンインターフェース……155
見える化……………………………147
無形性………………10・14・16・227
メディアバイイング…………………58
メンテナンス………………………138
メンテナンス・サービス……184・185
ものづくり…………………………133
モバイル・マーケティング………145
模倣困難性…………………………201

■ や 行 ■

遊休資源……………………………226

■ ら 行 ■

ラインナップ…………………………60
ラグジュアリーホテル………………58
ラテラルサービス……………………62
リスク…………………………………34
リッツ・カールトン・ミスティーク
　　……………………………………58
リピート率…………………………137

リモーション……………………150・153
リレーションシップ・マーケティング
………………………………137・138
レンタル………………………………196

## 執筆者紹介（担当章順）

髙室裕史（たかむろ　ひろし）……………………………………第1章
　甲南大学　経営学部　教授

山本奈央（やまもと　なお）………………………………………第2章
　名古屋市立大学大学院　経済学研究科　講師

竹村正明（たけむら　まさあき）……………………………………第3章
　明治大学　商学部　准教授

高橋一夫（たかはし　かずお）………………………………………第4章
　近畿大学　経営学部　教授

大西　潔（おおにし　きよし）………………………………………第5章
　有限会社オフィス・ピーアンドシー　代表取締役

西尾久美子（にしお　くみこ）…………………………………第6章、第12章
　京都女子大学　現代社会学部　教授

廣田章光（ひろた　あきみつ）………………………………………第7章
　近畿大学　経営学部　教授

伊藤宗彦（いとう　むねひこ）……………………………序文、第8章、第12章
　神戸大学　経済経営研究所　教授

前川佳一（まえがわ　よしかず）……………………………………第9章
　京都大学　経営管理大学院　特定准教授

西川英彦（にしかわ　ひでひこ）……………………………………第10章
　法政大学　経営学部　教授

細井謙一（ほそい　けんいち）………………………………………第11章
　広島経済大学　経済学部　教授

黒岩健一郎（くろいわ　けんいちろう）………………………………第13章
　青山学院大学大学院　国際マネジメント研究科　教授

水野由香里（みずの　ゆかり）………………………………………第14章
　国士舘大学　経営学部　教授

■編著者略歴

伊藤　宗彦（いとう　むねひこ）

1957年　京都市生まれ。
2003年　神戸大学大学院経営学研究科博士課程修了。
名古屋大学工学部卒業後、松下電工株式会社を経て、現在、神戸大学経済経営研究所教授。博士（商学）。
専門は技術経営、製品開発論、イノベーション論。
主な著書に、『製品戦略マネジメントの構築－デジタル機器企業の競争戦略』（有斐閣、2005年）、『イノベーションと競争優位』（共著、NTT出版、2006年）ほか。

髙室　裕史（たかむろ　ひろし）

1969年　姫路市生まれ。
2004年　神戸大学大学院経営学研究科博士課程修了。
神戸大学法学部卒業後、西日本旅客鉄道株式会社、奈良産業大学経営学部講師、流通科学大学総合政策学部・商学部教授を経て、現在、甲南大学経営学部教授。博士（商学）。
専門はマーケティング論、サービス・マーケティング論、流通論。

## 1からのサービス経営

| | |
|---|---|
| 2010年4月25日 | 第1版第1刷発行 |
| 2018年4月1日 | 第1版第17刷発行 |

編著者　伊藤宗彦・髙室裕史
発行者　石井淳蔵
発行所　㈱碩学舎
　　　　〒101-0052　東京都千代田区神田小川町2-1　木村ビル10F
　　　　TEL 0120-778-079　FAX 03-5577-4624
　　　　E-mail onishi@sekigakusha.com
　　　　URL http://www.sekigakusha.com
発売元　㈱中央経済グループパブリッシング
　　　　〒101-0051　東京都千代田区神田神保町1-31-2
　　　　TEL 03-3293-3381　FAX 03-3291-4437
印　刷　東光整版印刷㈱
製　本　誠製本㈱
Ⓒ2010　Printed in Japan

＊落丁、乱丁本は、送料発売元負担にてお取り替えいたします。

ISBN978-4-502-67610-9　C3034

本書の全部または一部を無断で複写複製（コピー）することは、著作権法上での例外を除き、禁じられています。